李清照

花自飘零水自流

孟祥静——编

台海出版社

图书在版编目（CIP）数据

李清照：花自飘零水自流 / 孟祥静编 . — 北京：
台海出版社，2022.1
ISBN 978-7-5168-3104-5

Ⅰ．①李… Ⅱ．①孟… Ⅲ．①宋诗－诗集②宋词－选
集③李清照（1084- 约1151）－生平事迹 Ⅳ．① I222
② K825.6

中国版本图书馆 CIP 数据核字（2021）第 168565 号

李清照：花自飘零水自流

编　　者：孟祥静

出 版 人：蔡　旭　　　　　　　　封面设计：刘昌凤
责任编辑：王　萍

出版发行：台海出版社
地　　址：北京市东城区景山东街 20 号　　邮政编码：100009
电　　话：010-64041652（发行、邮购）
传　　真：010-84045799（总编室）
网　　址：www.taimeng.org.cn/thcbs/default.htm
E - mail：thcbs@126.com

经　　销：全国各地新华书店
印　　刷：三河市华晨印务有限公司
本书如有破损、缺页、装订错误，请与本社联系调换

开　　本：660 毫米 ×960 毫米　　　1/16
字　　数：160 千字　　　　　　印　　张：11.25
版　　次：2022 年 1 月第 1 版　　印　　次：2022 年 1 月第 1 次印刷
书　　号：ISBN 978-7-5168-3104-5

定　　价：69.80 元

目 录

李清照诗

李清照词

003

李清照文

李清照生平与创作

生平：命运多舛的一代才女

出身书香世家

李清照（1084—1155?），自号易安居士，齐州章丘人，两宋时期杰出的词人，婉约派的代表，素有"千古第一才女"的美誉。宋朝王灼在《碧鸡漫志》卷二中如是评价李清照："易安居士，京东路提刑李格非文叔之女，建康守赵明诚德甫之妻。自少年便有诗名，才力华赡，逼近前辈。在士大夫中已不多得。若本朝妇人，当推文采第一。"

李清照出身于书香之家，父亲李格非，字文叔，宋神宗熙宁九年（1076）进士，官至礼部员外郎。李格非也是当时著名的学者，家中藏书甚富，精通经史，长于散文，以"文章受知于苏轼"，与廖正一、李禧、宋容并称"苏门后四学士"。李格非虽然著作颇丰，但仅有《洛阳名园记》一卷传世。李清照的母亲王氏出身名门，知书能文，是仁宗时期大臣王拱臣的孙女。王拱臣是当时最年轻的状元，其名乃皇帝御赐。出生在这样一个学识渊博的家庭中，李清照从小便受到家庭氛围的熏陶，自幼酷爱读书，文采出众。

李清照自幼便跟随父亲居住在都城汴京。虽为大家闺秀，但李清照并非大门不出二门不迈。闲暇之余，偶尔还是可以出门游玩一番的。如《如梦令》：

常记溪亭日暮，沉醉不知归路。

兴尽晚回舟，误入藕花深处。

争渡，争渡，惊起一滩鸥鹭。

从这首词可以看出，李清照很是怀念这段划着小船，戏于藕花深处的快乐时光。

随着年龄的增长，少女时代的无忧无虑逐渐被多愁善感和惆怅所取代，这一时期她常写一些闺情词。如《点绛唇·蹴罢秋千》《浣溪沙·小院闲窗春已深》等。

情投意合 伉俪情深

李清照与赵明诚相识于元宵节时在相国寺赏灯。据说赵明诚早就知道李清照的词，十分欣赏其才华。这次相识，更是对李清照产生了爱慕之情。回去之后，便向父亲委婉地提出想要娶李清照为妻的想法。赵明诚的父亲赵挺之当时为吏部侍郎，官居三品，且才能出众，前途不可限量。李清照的父亲李格非任礼部员外郎，提点京东行狱，官居六品。两家也算是门当户对，因此，两家很快约定了婚期。

宋徽宗建中靖国元年（1101），十八岁的李清照嫁给了二十一岁的太学生赵明诚。婚后，李清照与赵明诚情投意合，伉俪情深，度过了一段幸福的时光。从后来李清照为赵明诚《金石录》所写的序中可以看出：

余建中辛巳始归赵氏。时先君作礼部员外郎，丞相时作礼部侍郎，侯年二十一，在太学作学生。赵、李族寒，素贫俭。每朔望谒告出，质衣取半千钱，步入相国寺，市碑文果实归，相对展玩咀嚼，自谓葛天氏之民也。

赵明诚在太学读书，没有收入，但二人为了志趣节衣缩食，甚至常常典当衣物用来购买金石字画。每次满载而归的时候，夫妻二人便对坐"展玩"，可谓情趣无限，浪漫又温馨。

然而，政治上的风云变幻和动荡终是改变了李清照幸福的人生之路。婚后的第二年，宋徽宗崇宁元年（1102），徽宗在蔡京的蛊惑下，决定再度推行新法。李清照的父亲李格非因受党争的牵连，被打入"元祐党人"之列。已经嫁人的李清照虽未受到影响，但毕竟是自己的父亲出了事，于情于理也不能坐视不理。于是李清照写诗请求公公为父出面，但"炙手可热心可寒，何况人间父子情"的真情实感并没有打动公公。李格非最终被罢官离开京师，直到去世也未复职返京。生活优越的李清照第一次遭受生活的打击，且与自己深爱的丈夫的父亲有关。

崇宁二年（1103）九月，皇帝下诏禁止元祐党人的子女居京。这时虽已嫁人的李清照也被迫与赵明诚分开，回到山东章丘的娘家。赵明诚此时刚从太学"毕业"，被任命为鸿胪寺卿。在分开的三年中，二人只能通过书信和诗词寄托对彼此的思念。关于二人的填词还有一段趣事。李清照有一年在重阳节填了一阕《醉花阴·重阳》，借咏菊表达对丈夫的思念和独居一方的寂寥心情。

薄雾浓云愁永昼，瑞脑销金兽。佳节又重阳，玉枕纱厨，半夜凉初透。

东篱把酒黄昏后，有暗香盈袖。莫道不消魂，帘卷西风，人比黄花瘦。

    赵明诚看后很是感动，绞尽脑汁也填了五十多阕，并把李清照的词夹杂其中，拿给朋友陆德夫看。陆德夫看了三天，对赵明诚说："这些词中有三句写得绝佳。"赵明诚连忙追问是哪三句，陆德夫说："莫道不消魂，帘卷西风，人比黄花瘦。"可见，在填词的造诣上，赵明诚远不如李清照。

    三年后，李清照回到赵明诚身边。然而生活不能尽如人意，后来，赵挺之受到蔡京的排挤，不得不请求罢官回乡。然而，不到十天，形势逆转，蔡京被罢官，赵挺之复职。这次赵挺之任宰相大约一年后，再次被罢官，这次被罢官五日后便去世。赵挺之死后，政敌蔡京大肆搜捕其在京亲属，赵明诚兄弟三个自然也无法幸免，锒铛入狱。不过，这场政治风暴很快过去，赵家三兄弟被免官赶回故乡。

    大观元年（1107），李清照跟随赵明诚回到青州老家，在此闲居了十年。二人也从"天之骄子"跌落到"底层"，尝尽了人生的辛酸和苦难，但却能"处忧患困穷而志不屈"。在这里，李清照将书房命名为"归来堂"，将卧室命名为"易安室"，易安居士之号也是在此取的。没有公务缠身的赵明诚将精力和时间都花在金石研究上，所撰写的三十卷《金石录》已初具规模，并对所收藏的器物铭文款识和碑铭石刻文字进行校勘整理。这段时期的生活虽然艰苦，但二人赌茶猜书也过得其乐无穷。

    余性偶强记，每饭罢，坐归来堂烹茶，指堆积书史，言某事在某

书某卷第几叶第几行，以中否角胜负，为饮茶先后。中即举杯大笑，至
茶倾覆怀中，反不得饮而起。甘心老是乡矣。

从"甘心老是乡矣"，可以看出这时期对于李清照来说也是人生中非常
幸福的一段时光了。

聚少离多

政和七年（1117）前后，赵明诚再度离家出仕。李清照与赵明诚再次分开。
直到宣和三年（1121），赵明诚被任命为莱州太守，李清照才得以到莱州与
其相聚。宣和六年（1124），赵明诚任期满被调到淄州。赵明诚任职淄州期间，
北宋迎来了最为动荡的一场灾难——靖康之变。靖康年间，北宋灭亡，李清
照被迫举家南渡。之后，赵明诚出任建康知府，但不到一年便因失职而被罢官。

李清照跟随赵明诚准备前往赣水一带定居。在途经安徽和县乌江时，李
清照想起西楚霸王项羽在此地兵败自刎，联想到宋朝的现状，有感而发，作
了一首充满豪情且雄浑悲壮的五言绝句，即著名的《夏日绝句》：

生当作人杰，死亦为鬼雄。

至今思项羽，不肯过江东。

建炎三年（1129）五月，二人到了池阳，这时，赵明诚接到了被任命为
湖州知守的诏令。赵明诚在上任前需要到建康面见皇帝，接受任命。李清照

就暂时住在池阳，赵明诚独自前去接受任命。六月十三日，赵明诚奔赴建康，二人依依惜别。

赵明诚绝笔而终

不幸的是，赵明诚在冒着酷暑赶往建康的途中染上了疟疾。直到七月末，李清照才接到赵明诚生病的消息。李清照因担心而"一日夜行三百里"火速赶往建康。这时，赵明诚已经是"病危在膏肓"。八月十八日，已卧床不起，"取笔作诗，绝笔而终"。

李清照安葬了丈夫之后，心力交瘁，大病一场，"仅存喘息"，她填写的《声声慢》，正是她心情的写照，让人不忍卒读：

寻寻觅觅，冷冷清清，凄凄惨惨戚戚。乍暖还寒时候，最难将息。三杯两盏淡酒，怎敌他、晚来风急？雁过也，正伤心、却是旧时相识。

满地黄花堆积，憔悴损、如今有谁堪摘？守着窗儿，独自怎生得黑？梧桐更兼细雨，到黄昏、点点滴滴。这次第，怎一个愁字了得。

颠沛流离

此后，由于金兵不断南下，李清照开始了颠沛流离的生活。由于无处可去，李清照先是准备投靠赵明诚的任兵部侍郎的妹夫，不料，十二月，金兵又攻陷了洪州，书卷、石刻、器物等也再次遭受损失。

李清照又只得去投奔任敕局删定官的弟弟李远，一路奔波，辗转多地。这时又有传言说赵明诚生前有"颁金之语"，也就是通敌。李清照惶惶不可终日，决定为先夫正名。她费尽心力，将家中收藏的青铜器物、字画等尽数交给朝廷。这些珍贵的书籍文物大部分在战乱中散失。

绍兴二年（1132），局势稍微稳定，李清照也从越州迁居到临安，生活渐渐安定下来。这时，一位名叫张汝舟的人闯入了李清照的生活。张汝舟是杭州的一个小官吏，一次偶然的机会认识了李清照。张汝舟因为惦记着李清照手里的藏品，便对刚到杭州且大病之后孤独憔悴的李清照展开猛烈的追求。虽然宋朝不限制女性再嫁，但也不提倡，何况李清照还是很有"名气"的。李清照不顾巨大的世俗压力，毅然和张汝舟"闪婚"。婚后不久，双方都认为被"骗"了。张汝舟发现李清照并没有他想象的那般富有，再加上李清照不同意变卖前夫留下的金石文物，张汝舟终于露出了丑恶的嘴脸，甚至对李清照拳脚相加。李清照也认清了张汝舟的真面目，之前的甜言蜜语全是欺骗，而且张汝舟的官也是行贿欺骗得来的。

宋朝法律规定男子可以休妻，女子不能提出离婚，即使丈夫有错，女子提出离婚，也需要服刑两年。李清照愤然告发了张汝舟，提出离婚，结束了这段仅维持了三个多月的婚姻。张汝舟受到了应有的处罚，李清照也需要服刑两年。好在赵明诚的表兄弟伸出了援手，李清照入狱九天便被释放出来了。李清照这次婚姻虽短，却受到了沉重的打击，并受到社会的嘲讽和摒弃。赵明诚始终是李清照心中的牵绊，为了完成赵明诚的遗愿，李清照开始对《金石录》遗稿进行整理，两年后，完成了《金石录后序》，详细记述了这部金石学著作的成书历程，也记录了她和赵明诚一生的爱情。绍兴十三年（1143），李清照将整理完成的《金石录》刊行问世，最终完成了丈夫的遗愿。

与张汝舟离婚后，李清照并没有被生活的波折压垮，此后，她放下个人的不幸遭遇，更加关注时局，这期间写下了著名的《上韩公枢密胡尚书》二首，表达了满腔的热情。

绍兴四年（1134）九月，金兵再次南下，匆忙中，李清照也随着人们一起离开，经过富阳严子陵滩，最后来到金华，在此居住了一段时间。经过严子陵滩时，李清照写下了七言绝句《夜发严滩》。

大约在绍兴五年（1135）五月以后，李清照结束流离的生活，重新回到临安定居，其剩下的二十多年都是在临安度过的。晚年的李清照生活虽然安定下来了，但失去亲人和爱情的痛苦是她心灵永远无法愈合的伤口，她孤独与寂寞的人生在绍兴二十五年（1155）画上了句号，一代杰出的词人、诗人、金石学家在临安逝世。

创作：诗词创作"别是一家"

李清照作为我国古代文学史上的才女，在诗、词、文、赋等方面都取得了一定的成就，尤其是在词的创作方面，更是形成了自己独特的艺术风格，在词坛上可谓独树一帜。李清照著有《易安居士文集》《易安词》，但都已散佚，后人辑有《漱玉词》。

词作风格

李清照以词作成就最大，前期多写悠闲生活，后期多写伤感孤寂。李清照词在风格上以婉约为主。清朝王士禛在《花草蒙拾》中认为"婉约以易安为宗"。如早期作品《点绛唇·蹴罢秋千》中的"见客入来，袜刬金钗溜。和羞走。倚门回首，却把青梅嗅"，《醉花阴·重阳》中的"东篱把酒黄昏后，有暗香盈袖。莫道不销魂，帘卷西风，人比黄花瘦"等，李清照的这些词作将婉约风格发展到顶峰，她因此成为婉约派的代表人物之一。后期作品中则增添了无限的凄凉与伤感。如《孤雁儿·藤床纸帐朝眠起》中的"吹箫人去玉楼空，肠断与谁同倚"，《武陵春·风住尘香花已尽》中的"物是人非事事休，欲语泪先流"，无不表达了词人内心深处的苦闷与忧愁。

婉约是李清照词的主导风格，但除婉约外，其词也有"豪情"的一面。沈曾植在《菌阁琐谈》中说："易安倜傥有丈夫气，乃闺阁中之苏、辛，非秦、柳也。"如《渔家傲·天接云涛连晓雾》中的"九万里风鹏正举。风休住，蓬舟吹取三山去"，气势何等豪迈！完全看不出婉约的影子。

艺术手法

李清照的词在创作方式上以白描见长，即"用浅俗之语，发清新之意。"通过对语言技巧的锤炼和铺叙手法的运用，将平常自然的事物表达出独特的艺术效果。如《如梦令·常记溪亭日暮》中简单的一句"争渡，争渡，惊起一滩鸥鹭"，使人仿佛亲临其境，可以真实地感受到一群鸥鹭受惊纷飞的场景。

李清照的词在创作上用词精炼，且善用比喻和典故。她的词往往篇幅短小，但能蕴含丰富的内容，表达细致的情感。《一剪梅·红藕香残玉簟秋》中写道："花自飘零水自流。一种相思，两处闲愁。此情无计可消除，才下眉头，却上心头。"作者用简单的四个词："一种""两处""才下""却上"，将看不见、摸不着的思念之情生动地呈现出来，让人仿佛对作者内心的愁情感同身受。

李清照作品中生动的比喻常常能够化虚为实，将看不见的情感具象化，清新自然又不失含蓄。如让赵明诚自叹不如的"莫道不销魂，帘卷西风，人比黄花瘦"，一句"人比黄花瘦"成为千古名句，菊花品性高洁优雅，但作者看到的是重阳时节黄昏时候的黄花，以花喻人，比喻生动，想象新奇，帘内之人与帘外之花情境和精神有相通之处，但帘内之人比帘外之花更瘦，含蓄地表达了作者对丈夫深深的思念之情。再如《武陵春·风住尘香花已尽》中的"只恐双溪舴艋舟，载不动许多愁"，舟可载人，可载物，李清照却用它来载愁，把虚的"愁"具象化，而且作者失去丈夫和国破家亡的双重痛苦实在太深重，故而一舟如何能载得动这许多愁？这一句将作者心中的愁写得生动形象，表达得淋漓尽致。

李清照作品中典故的运用不算多，但却用得自然贴切，看不出丝毫的牵强生硬。李清照出生在书香世家，家中藏书甚富，聪颖的她从小便饱读诗书，文采出众。因此，李清照的诗词中融合了不少前人优秀的诗、词、散文的句子，且能够化用得不漏痕迹。李清照跟随赵明诚前往赣水，在途经安徽和县乌江时，想起西楚霸王项羽在此地兵败自刎，又联想到宋朝的现状，有感而发，作了《夏日绝句》："生当作人杰，死亦为鬼雄。至今思项羽，不肯过江东。"诗中用了项羽乌江自刎的历史典故。秦末，刘邦、项羽争夺天下，项羽兵败后退至乌江，虽杀出韩信十面埋伏的重围，却自认无颜见江东父老而拔剑自刎。项羽这种不愿苟且偷生的气概博得了李清照的敬意。李清照在诗中直接用历史典故，借古喻今，言近旨远，抒发了心中的忧愤之情，表达了对现状的不满。

李清照词中用典最多的是《多丽·咏白菊》。词的上阕用"杨贵妃、孙寿、韩令、徐娘、屈原、陶渊明"等历史人物的典故来比喻菊花，下阕用"汉皋解佩""纨扇题诗""泽畔东篱"等历史事件的典故抒情，表达对菊花的赞美和对前贤的倾慕，表达了作者高尚的情操。这首词虽然用典较多，却无堆砌之感，让人觉得白菊既不像杨贵妃、孙寿那样娇媚妖娆，也不像贾午、徐娘那样偷情卖俏，而是和屈原、陶渊明一样品格孤高、风度高雅。"汉皋解佩""纨扇题诗"则用郑交甫、班婕妤的典故，写菊花的愁情和悲伤，而词人心中的愁苦何尝不是一样？因此，清代况周颐在《珠花簃词话》中称赞此词道："李易安《多丽·咏白菊》，前段用贵妃、孙寿、韩令、徐娘、屈平、陶令若干人物，后段雪清玉瘦、汉皋纳扇、朗月清风、浓烟暗雨许多字面，却不嫌堆垛，赖有清气流行耳。'纵爱惜，不知从此，留得几多时'三句最佳，所谓传神阿堵，一笔凌空，通篇具活。歇拍不妨更用'泽畔东篱'字。昔人评《花间》镂金错绣而无痕迹，余于此阕亦云。""镂金错绣而无痕迹"可见其用典之高超。

李清照诗词创作还注重音律协调，在创作中强调"协律"。李清照在其文《词论》中详细论述了这一问题，她认为词与诗、文最大的不同是词具有音乐性，并指出柳永之词"虽协音律，而词语尘下"，至于晏殊、欧阳修、苏轼，他们学识渊博，填些小歌词，虽然容易，但只不过是句子长短不齐的诗罢了，称不上词，问题在于"不协音律"。李清照在创作中既注重音律声调的协调，又不受束缚，能够很好地表现出抑扬顿挫的节奏感。李清照在《声声慢·寻寻觅觅》开篇便连用七组叠词，"寻寻觅觅，冷冷清清，凄凄惨惨戚戚。"其平仄为"平平仄仄，仄仄平平，平平仄仄仄仄"，这样的音韵处理适合朗读，且读起来婉转流畅，从而加强了词的音乐性，读后有一种余音绕梁，不绝于耳的无穷韵味。

题材类别

李清照的词存世不多，主要可以分为三个类别：游赏、闺怨、咏物。

游赏类的词主要创作于南渡之前，这时李清照的生活相对比较稳定，生活幸福。如《怨王孙·湖上风来波浩渺》：

湖上风来波浩渺，秋已暮、红稀香少。水光山色与人亲，说不尽、
无穷好。

莲子已成荷叶老，青露洗、苹花汀草。眠沙鸥鹭不回头，似也恨、
人归早。

　　作者用拟人的手法，清新的笔触将笔下的湖光山色描写得极具人情味，
表现了对自然的热爱之情，也可以看出这时期的生活是安定、闲适的，洋溢
着青春的欢快。正如《李清照研究丛稿·一幅绚烂夺目的秋景图》中的评价：
"李词从红稀香少、莲熟叶老中生发出水光山色、苹花汀草、鸥鹭眠沙来，
顿使生气蓬勃，景色鲜妍，充满着热情爽朗的朝气，跃动着青春的活力，体
现出词人少年时期的那种积极的、开阔的胸怀和乐观进取的精神。"
　　闺怨类的作品主要是对丈夫的思念和南渡后生活境况变化导致的愁情。李清
照和赵明诚志同道合，夫妻情深，故离别后的思念之情更深。如《醉花阴·重阳》：

薄雾浓云愁永昼，瑞脑销金兽。佳节又重阳，玉枕纱厨，半夜凉初透。
东篱把酒黄昏后，有暗香盈袖。莫道不销魂，帘卷西风，人比黄花瘦。

　　这首词是李清照寄给在异地为官的丈夫赵明诚的，表达了重阳佳节独自
一人的寂寞无聊以及对丈夫的思念之苦，由于思念而人比黄花还瘦，对情感
的表达可谓传神。清代许宝善认为这首词"幽细凄清，声情双绝"。

赵明诚病逝后，李清照受到的打击非常大，内心的愁苦更加无法排遣。南渡之后，生活流离颠沛，动荡的时局和残酷的社会现实使其作品也发生了重大的变化，作品的感情基调也以哀怨和感伤为主。如丈夫病逝后，又经历了各种逃难的李清照写了《忆秦娥·咏桐》一词：

> 临高阁，乱山平野烟光薄。烟光薄，栖鸦归后，暮天闻角。
>
> 断香残酒情怀恶，西风催衬梧桐落。梧桐落，又还秋色，又还寂寞。

这首词当为悼亡之作，题为咏桐，实则是悼念亡夫，表达的是内心的愁苦和凄楚。孙崇恩在《李清照诗词选》中对这首词的评价很是中肯："这应是李清照晚年经受国破家亡之痛、颠沛流离之苦后的词作。从内容上看，亦并非'咏桐'。上阕写景。起笔写远望，'乱山平野'，景象不堪；再写近闻。栖鸦聒噪，暮天号角，隐然有山河荒残之痛，喟然有心怀凄凉之悲。下阕言情。先写室内，'断香残酒'，自己心情不好；再写室外，西风萧瑟，梧桐叶落，心情更加悲凉。"

李清照的咏物词以"花"和"酒"居多。

花在李清照词中出现的次数非常多，有咏菊花，有咏荷花，有咏梅花，有咏桂花等。花成为李清照寄托情感的载体，有少女时期的快乐，有婚姻生活的幸福与离愁，有晚年独居的凄凉等。花在李清照诗词中的作用也是其生活的写照，那首著名的咏桂花还为其赢得了人中"第一流"的美誉。《鹧鸪天·桂》：

暗淡轻黄体性柔，情疏迹远只香留。何须浅碧轻红色，自是花中第一流。

梅定妒，菊应羞，画阑开处冠中秋。骚人可煞无情思，何事当年不见收？

咏物诗词通常以咏物抒情为主，很少议论，李清照这首咏桂花却以议论著称，表现了桂花的独特风韵。王国维在《人间词话》中对这首词的评价非常高："'何须浅碧轻红色，自是花中第一流'，易安语也，其词品亦似之。"

青年时期咏花词中所表现出来的是自信与清高，晚年虽历经磨难，生活困苦，但词中所表现出来的清高自负并未因生活的改变而改变。如晚年所写的《孤雁儿·藤床纸帐朝眠起》：

世人作梅词，下笔便俗。予试作一篇，乃知前言不妄耳。

藤床纸帐朝眠起，说不尽、无佳思。沉香断续玉炉寒，伴我情怀如水。笛声三弄，梅心惊破，多少春情意。

小风疏雨萧萧地，又催下、千行泪。吹箫人去玉楼空，肠断与谁同倚。一枝折得，人间天上，没个人堪寄。

这首咏梅词作于赵明诚病逝之后，是对赵明诚的缅怀悼念，表现了作者心中的无限悲凉。虽为咏梅，但词中并没有直接描写梅的颜色、姿态等，也没有歌颂梅花高洁的品性，一句"一枝折得，人间天上，没个人堪寄"，表达了丈夫去世后自己的孤寂与凄冷。刘熙载在《词概》中说："收句非绕回即宕开，其妙在言虽止而意无尽。"

李清照留存的词作中差不多有一半与酒有关，远高于宋代其他女词人。酒在李清照词中体现的有喜悦之情，有相思之苦，也有愁情别绪。如《如梦令·常记溪亭日暮》，寥寥数语沉醉兴奋之情便跃然纸上；《醉花阴·重阳》中"东篱把酒黄昏后"的寂寞与思念；《念奴娇·春情》中"扶头酒醒，别是闲滋味"的孤寂与清冷；《诉衷情·夜来沉醉卸妆迟》中"酒醒熏破春睡，梦断不成归"的思乡之苦；《鹧鸪天·寒日萧萧上锁窗》中"不如随分尊前醉，莫负东篱菊蕊黄"一醉解千愁的超脱。

李清照创作成就主要是词，也有诗文等，诗主要有《夜发严滩》《上韩公枢密胡尚书》《夏日绝句》《感怀》《偶成》《咏史》等，文主要有《金石录后序》《词论》《打马赋》等。李清照非常喜好博戏，认为打马是"博弈之上流，闺房之雅戏"，且通常能够"无往而不胜"，《打马赋》便是为打马博戏写的一篇赋。

李清照的一生是幸运的，出生在书香世家，有读书并展现才华的机会，嫁给了赏识自己的丈夫，赌茶猜书，其乐无穷。李清照的一生又是不幸的，经历家庭变故，国家灭亡，颠沛流离，生活困顿。李清照作为宋朝著名的词人，其成就是有目共睹的。正如吕思勉在《宋代文学》中对其所作的评价："北宋女词人，则有李易安。……夫妇皆擅学问，长诗文，精金石，诚一代之才媛也。易安诗笔稍弱，词则极婉秀，且亦妙解音律，所作词，无一字不协律者，实倚声之正宗，非徒以闺阁见称也。"

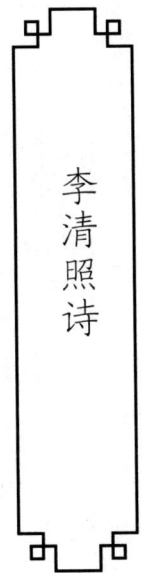

李清照诗

春残

春残何事苦思乡，病里梳头恨发长。

梁燕语多[1]终日在，蔷薇风细一帘香。

◇注释

[1] 梁燕语多：指梁间燕子呢喃不停。

◇译文

春天就要过去，为何还苦苦思念着家乡，病中倦梳头，心中苦楚像头发那样长。梁间燕子整日在一起呢喃低语，轻柔的风吹过，带来满院蔷薇的清香。

春帖子词 [1]

皇帝阁

莫进黄金簟，新除玉局 [2] 床。

春风送庭燎，不复用沉香。

◇注释

[1] 春帖子词：帖子词，宋朝每年立春、端午，命翰林作帖子词进献宫中，剪贴于禁苑门帐，供皇帝及内宫欣赏，"靖康之难"后，一度中止，宋高宗绍兴十三年（1143）恢复。

[2] 局：同"曲"。

◇译文

不要进献黄金簟，也不要上贡美玉局脚床。春风吹进宫照亮灯烛，宫里不再使用名贵的沉香。

贵妃阁

金环半后礼[1]，钩弋[2]比昭阳[3]。

春生百子帐，喜入万年觞。

◇注释

[1] 半后礼：皇后一半的待遇。

[2] 钩弋：汉代宫名，汉武帝宠妃钩弋夫人居所。钩弋夫人也称拳夫人，汉昭帝刘弗陵生母。

[3] 昭阳：汉代宫名，汉成帝宠妃赵飞燕居所。

◇译文

佩金环，享受皇后一半的待遇，所受恩宠比肩钩弋和昭阳。百子帐上百子图自春而降，万人祝贺入殿堂。

端午帖子词

皇帝阁

日月尧天^[1]大，璇玑^[2]舜历^[3]长。

侧闻行殿帐，多集上书囊^[4]。

◇注释

[1] 尧天：指太平盛世。

[2] 璇玑：古时天文仪器，这里指舜帝时测天之器。

[3] 舜历：指舜帝的历数。

[4] 多集上书囊：书囊，指古时大臣上书用的青布袋。这里用汉文帝集书囊作宫殿帷帐的故事歌颂高宗注重节俭。

◇译文

如今是太平盛世，高宗会像舜帝在位时间那样长。听说殿堂上的行帐，已十分陈旧，是收集群臣的上书囊做的。

皇后阁

意帖[1]初宜夏，金驹[2]已过蚕。

至尊[3]千万寿，行见百斯男[4]。

◇注释

[1] 意帖：如意帖，古代民间常在端午节贴帖子，帖子上书写吉祥如意之语。

[2] 金驹：白驹，指日影，比喻时光。

[3] 至尊：指皇帝。

[4] 百斯男：多子之意。

◇译文

初夏最适合贴如意帖，时光飞逝，已经过了养蚕的时节。祝愿皇帝健康长寿，皇后多子多福。

夫人阁

三宫催解粽[1]，妆罢天未明。

便面^[2]天题字^[3]，歌头御赐名。

◇注释

[1] 解粽：《岁时杂记》有京师人以端午日为解粽节的记载，叶长者胜，叶短者输，可赌博，赌酒。陆游《初夏》："已过浣花天，行开解粽筵。"

[2] 便面：扇子。

[3] 天题字：指皇帝的题字。

◇译文

三宫已在催促解粽，妆罢天色还未明。扇面上有皇帝的题字，歌头还是皇帝御笔赐名。

分得知字韵

学诗三十年，缄口不求知。

谁遣好奇士，相逢说项斯[1]。

◇注释

[1] 项斯：唐朝人，曾携诗拜见杨敬之。杨敬之爱其才，赠诗曰："几度见诗诗尽好，及观标格过于诗。平生不解藏人善，到处逢人说项斯。"这里是指作者的诗作受到前辈的赞许。

◇译文

学习作诗已有三十载，分到"知"字闭口不言。谁能让喜欢奇才的伯乐，逢人就把项斯夸赞。

感怀

宣和辛丑八月十日到莱。独坐一室，平生所见，皆不在目前。几上有《礼韵》，因信手开之，约[1]以所开为韵作诗，偶得"子"字，因以为韵，作感怀诗云。

寒窗败几无书史，公路[2]可怜竟至此。

青州从事[3]孔方兄，终日纷纷喜生事。

作诗谢绝聊闭门，虚室生香有佳思。

静中吾乃见真吾，乌有先生子虚子。

◇注释

[1] 约：拟定。

[2] 公路：袁术，字公路。

[3] 青州从事：指好酒。

◇译文

宣和三年（1121），八月十日来到莱州。自己独坐室内，所喜欢的书籍这里都没有。案上有一本《礼韵》，便随手翻开，打算用所翻开书页上的字为韵来写诗。偶然翻到"子"字，于是以之为韵，做了一首感怀诗。

破旧的窗台和书案上没有诗书和史书，就像袁术一样落魄到这样的境地。整日忙于酒宴，醉心钱财，终日闲着恐怕容易生出事端。闭门写诗谢绝宾客，在住所焚香静思才能有好的构思。内心宁静，方可得到两个至交好友，他们一个是乌有先生，一个是子虚先生。

偶成

十五年前花月底，相从曾赋赏花诗。

今看花月浑相似，安得情怀[1]似往时。

◇注释

[1] 情怀：心情。

◇译文

十五年前，我们花前月下，相伴赏花，一同赋诗。如今，花和月还是旧时模样，只是我的心情怎么才能和往昔一样呢？

上韩公枢密胡尚书^[1]二首并序

绍兴癸丑五月，枢密韩公、工部尚书胡公使虏，通两宫^[2]也。有易安室者，父祖皆出韩公门下，今家世沦替，子姓寒微，不敢望公之车尘；又贫病，但神明未衰落，见此大号令，不能忘言。作古律诗各一章，以寄区区之意，以待采诗者云。

其一

三年夏六月^[3]，天子视朝^[4]久。

凝旒望南云^[5]，垂衣思北狩^[6]。

如闻帝若曰，岳牧与群后^[7]。

贤宁无半千，运已遇阳九^[8]。

勿勒^[9]燕然铭，勿种金城柳^[10]。

岂无纯孝臣^[11]，识此霜露悲。

何必羹舍肉^[12]，便可车载脂^[13]。

土地非所惜，玉帛如尘泥。

谁当可将命，币厚词益卑。

四岳金曰俞[14]，臣下帝所知。

中朝第一人[15]，春官有昌黎[16]。

身为百夫特，行足万人师。

嘉祐与建中，为政有皋夔[17]。

匈奴畏王商[18]，吐蕃尊子仪[19]。

夷狄已破胆，将命公所宜。

公拜手[20]稽首，受命白玉墀[21]。

曰臣敢辞难，此亦何等时。

家人安足谋，妻子不必辞。

愿奉天地灵，愿奉宗庙威。

径持紫泥诏[22]，直入黄龙城[23]。

单于定稽颡[24]，侍子当来迎。

仁君方恃信，狂生休请缨[25]。

或取犬马血[26]，与结天日盟[27]。

其二

胡公清德人所难，谋同德协心志安。

脱衣已被汉恩暖，离歌不道易水寒。

皇天久阴后土湿，雨势未回风势急。

车声辚辚马萧萧，壮士懦夫俱感泣。

闾阎嫠妇[28]亦何知，沥血投书干记室[29]。

夷虏从来性虎狼，不虞预备庸何伤。

衷甲昔时闻楚幕，乘城前日记平凉。

葵丘践土非荒城，勿轻谈士弃儒生。

露布词成马犹倚，崤函关出鸡未鸣。

巧匠何曾弃樗栎[30]，刍荛之言[31]或有益。

不乞隋珠[32]与和璧，只乞乡关新信息。

灵光[33]虽在应萧萧，草中翁仲[34]今何若。

遗氓岂尚种桑麻，败将如闻保城郭。

嫠家父祖生齐鲁，位下[35]名高人比数。

当时稷下纵谈时，犹记人挥汗如雨。

子孙南渡今几年，飘流遂与流人伍。

欲将血泪寄山河，去洒东山一抔土。

◇注释

[1] 韩公：韩肖胄，北宋名相韩琦之曾孙。宋高宗绍兴三年（1133）时任尚书吏部侍郎，端明殿学士、同签枢密院事，被朝廷委派出使金，为通问使。胡尚书：胡松年，跟随韩肖胄出使金，为副使。

[2] 通两宫：问候被金人掳去的宋徽宗和宋钦宗。

[3] 六月：序中言五月，此言六月应该是使金出发的日子。

[4] 视朝：指临朝听政。

[5] 南云：南天之云，古时天子面南而坐，所望即为南云。

[6] 北狩：宋徽、钦二宗被掳，避讳明言，托词出巡。

[7] 岳牧与群后：指朝廷百官。

[8] 阳九：指厄运。古时称 4617 岁为一元，初入元 106 岁中，将逢灾岁九，为阳九。诗中用阳九指靖康之难。

[9] 勒：刻石。

[10] 金城柳：《晋书·桓温传》："温自江陵北伐，行经金城，见少为琅邪时所种柳皆已十围，慨然曰：'木犹如此，人何以堪！'攀枝执条，泫然流涕。"词中用的是桓温北伐故事。

[11] 纯孝臣：指颍考叔。《左传·隐元年》："颍考叔，为颍谷封人……君子谓颍考叔纯孝也。"

[12] 羹舍肉：《左传·隐元年》："颍考叔，为颍谷封人……公赐之食。食舍肉。公问之。对曰：'小人有母，皆尝小人之食矣，未尝君之羹，请以遗之。'公曰：'尔有母遗，繄我独无。'颍考叔曰：'敢问何谓也？'公语之故，且告之悔。对曰：'君何患焉，若阙地及泉，隧而相见，其谁曰不然？'公从之。"

[13] 车载脂：用油脂涂抹车轴。

[14] 俞：语气词，表示答应。

[15] 中朝第一人：指李揆，唐时宰相。

[16] 昌黎：韩愈，韩愈曾任礼部尚书，这里以韩愈代指韩肖胄。

[17] 皋夔：指贤臣。皋，皋陶，虞舜时为狱官。夔，舜时乐正。

[18] 王商：汉成帝母王政君之弟，东汉宰相。

[19] 子仪：郭子仪，唐时名将。

[20] 拜手：作揖。

[21] 白玉墀（chí）：以白玉为阶，这里指宫殿。

[22] 紫泥诏：古代文书、信函用泥封，并加盖印记。尊者书缄用紫泥封。这里指使金诏书。

[23] 黄龙城：金故都。

[24] 稽颡（qǐ sǎng）：古代一种非常虔诚的跪拜礼。

[25] 请缨：指投军报国。

[26] 犬马血：指歃血为盟。

[27] 天日盟：指天盟誓。

[28] 嫠（lí）妇：寡妇。

[29] 记室：官职名，汉魏时设置。《事物纪原》有："其官始见于魏武之世矣。宋用晋制，自明帝后，皇子帝虽非都督，亦置记室参军。则记室而为参军，晋制也。宋朝亦置于诸王府，曰某王府记室也。"

[30] 樗栎（chū lì）：比喻才能低下。《庄子·逍遥游》："吾有大树，人谓之樗，其大本拥肿而不中绳墨，其小枝卷曲而不中规矩，立之涂，匠者不顾。"

[31] 刍荛之言：采薪、捕鱼者的话，指地位低下的人说的话。

[32] 隋珠：隋侯之珠，与和氏璧同为稀世之宝。《搜神记》："隋侯出行，见大蛇被伤中断，疑其灵异，使人以药封之，蛇乃能走，因号其处'断蛇丘'。岁余，蛇衔明珠以报之。珠盈径寸，纯白，而夜有光明，如月之照，可以烛室。故谓之'隋侯珠'，亦曰'灵蛇珠'，又曰'明月珠'。"

[33] 灵光：汉鲁恭王刘余所建宫殿名。

[34] 翁仲：秦阮翁仲。秦始皇曾派他率兵守临洮，声援匈奴，死后铸其铜像于咸阳宫司马门外。后来称坟墓或建筑物前的石像为翁仲。

[35] 位下：地位低。

◇译文

宋高宗绍兴三年（1133）五月，朝廷派枢密院事韩肖胄和工部尚书胡松年出使金，问候被金人掳去的宋徽宗和宋钦宗。有诗人李清照，父亲和祖父皆受韩公引荐，如今家世沦落不振，后辈地位低下，不奢望能够追随您；又贫穷疾病，但精神尚好，见此大事，不能忘言。故作古律诗各一章，以表达心中之意，希望我的心声能被看到。

其一：

至绍兴三年六月，高宗已执政多年。皇帝神情肃穆专注，思念北方的父兄。仿佛听到皇上亲政的言语，朝堂上下百官分掌四岳。五百年间难道没有贤者兴起，时运不佳遇见阳九这样的厄运。不必刻石记功以扬天下，不要学桓温种柳空余感叹。难道没有颍考叔这般纯孝的贤臣？内心的悲凉并非霜露带来的寒意。不必像颍考叔分羹舍肉那般愚孝，何不油脂涂车把路赶。社稷国土不爱惜，玉帛财富如尘土一样贱。谁能不辱使命充当使臣，进献的财物越多越显卑贱。百官皆是唯唯诺诺，臣子如何皇上了然于心。朝中第一贤臣当属韩枢密，执掌邦礼，独占鳌头。百夫之中最雄俊，德行足以成为万人师表。曾祖韩琦，祖韩忠彦皆为宰相，成为嘉祐与建中时期的贤臣。汉朝宰相王商威严有度，令匈奴畏惧。唐朝名将郭子仪无须征战便使回纥、吐蕃归顺。韩公受命已使夷狄闻风丧胆。韩公礼数周全是出使的最佳人选，在白玉台阶前接受任命。作为臣子不辞困难，此时非等闲。母亲不必牵挂，妻子儿女也不必牵念。敬奉天地有神明保佑，敬奉宗庙皇恩浩荡增加威严。手持诏命，直入黄龙城。金人首领出来跪拜甚恐慌，侍子毕恭毕敬前来迎接。韩公凭借信誉威仪天下，投军报国不需要愚钝、鲁莽的狂生。取犬马之血立誓，与天日结盟。

其二：

胡公品德堪称颂，常人难以达到，同谋协办人心安定。已被"解衣衣我"的恩德所感动，奉命出使不需唱"易水寒"。连绵阴雨不断，皇天后土长湿，雨势未减风势加急，前路凶险。车声辚辚，马声萧萧，壮士懦夫同哭泣，场面悲惨。里巷寡妇见识少，记室参军沥血投书。夷虏性情如虎狼，凶残贪婪，如今北上需多加防范。以前楚人在铠甲外面穿上衣裳，今日守城不要忘记之前平凉遭遇埋伏突袭的教训。葵丘、践土并非荒城，齐桓、晋文为盟主，不能轻视善辩之人，放弃儒生。布告词成倚马作，孟尝君脱险离开函谷关，鸡尚未鸣。能工巧匠不会丢弃不材之木，刍荛之言或可用。我不求隋珠、和氏璧这样的稀世珍宝，只希望信息传到家乡。乡关沦陷萧条，幸存亲友寂然，墓前石像杂草丛生为哪般？遗民还能种植桑麻，金人失势守城郭。鳌家父祖生于齐鲁之地，地位虽然不高但名声显赫。战国时稷下文士聚集，言论纵横，挥汗如雨。子孙南渡不过几年，如今已是四处漂泊流浪。我欲将血泪寄予山河，一腔热血挥洒在齐鲁大地。

题八咏楼 [1]

千古风流八咏楼，江山留与后人愁。

水通南国三千里，气压江城十四州。

◇注释

[1] 八咏楼：原名元畅楼，在婺州。

◇译文

东南名胜八咏楼，千古风流，把对国事的忧愁留给后人。水路密集，贯通江南三千里，战略位置重要，超过江南十四州。

浯溪 [1] 中兴颂 [2] 碑和 [3] 张文潜 [4] 二首

其一

五十年功 [5] 如电扫，华清花柳 [6] 咸阳草 [7]。

五坊 [8] 供奉斗鸡儿，酒肉堆 [9] 中不知老。

胡兵 [10] 忽自天上来，逆胡 [11] 亦是奸雄才。

勤政楼 [12] 前走胡马，珠翠踏尽香尘埃。

何为出战辄披靡 [13]，传置荔枝 [14] 多马死。

尧功舜德本如天，安用区区纪文字。

著碑铭德 [15] 真陋哉，乃令神鬼磨山崖。

子仪 [16] 光弼 [17] 不用猜，天心悔祸人心开。

夏为殷鉴当深戒 [18]，简策汗青 [19] 今具在。

君不见当时张说最多机，虽生已被姚崇卖。

其二

君不见惊人废兴传天宝，中兴碑上今生草。

不知负国有奸雄，但说成功尊国老。

谁令妃子天上来，虢秦韩国皆仙才。

苑桑[20]羯鼓玉方响，春风不敢生尘埃[21]。

姓名谁复知安史，健儿猛将安眠死。

去天尺五抱瓮峰[22]，峰头凿出开元字。

时移势去真可哀，奸人心魄深如崖。

西蜀万里尚能返，南内一闭何时开。

可怜孝德如天大，反使将军[23]称好在。

呜呼！奴辈乃不能道辅国用事[24]张后尊，乃能道春荠长安作斤卖。

◇注释

[1] 浯溪：水名，在湖南，水清石峻，唐代诗人元结在溪畔筑室而居。

[2] 中兴颂：指唐诗人元结的《大唐中兴颂》。元结于唐玄宗天宝六年参加科
举考试，因李林甫而落第，遂隐居商余山。元结于唐肃宗上元二年写《大唐中兴颂》，
采用三句一韵的四言体，指出奸臣当道是安史之乱的起源。

[3] 和：依照他人诗词体裁所作的诗词。

[4] 张文潜：北宋诗人，名耒，字文潜，"苏门四学士"之一，有诗《读中兴颂碑》。

[5] 五十年功：指唐玄宗在位时间。唐玄宗实际在位时间为四十四年。

[6] 花柳：指宫柳。

[7] 咸阳草：指昔日宫殿已荒草丛生。

[8] 五坊：指雕坊、鹘坊、鹞坊、鹰坊、狗坊。后来代指不务正业之人。

[9] 酒肉堆：指生活奢华。

[10] 胡兵：指安禄山叛乱部队，安禄山为胡人。

[11] 逆胡：指安禄山、史思明。

[12] 勤政楼：即勤政务本之楼，唐玄宗建。

[13] 披靡：溃败。

[14] 传置荔枝：《新唐书·杨贵妃传》："妃嗜荔枝，必欲生致之，乃置骑传送数千里，味未变，已至京师。"

[15] 铭德：铭刻功德。

[16] 子仪：郭子仪，唐时名将，平定安史之乱有功，封汾阳王。

[17] 光弼：李光弼，唐时名将，平定安史之乱有功，授天下兵马都元帅，封淮郡王。

[18] 戒：引以为戒。

[19] 简策汗青：指史册。

[20] 花桑：指热闹的景象。

[21] 春风不敢生尘埃：指唐明皇无心国事，与杨贵妃醉心于击鼓作乐，春风也不敢吹起尘埃。

[22] 抱瓮峰：在华山云台观。

[23] 将军：指高力士，高力士在天宝七年官至骠骑大将军。

[24] 辅国用事：指李辅国专权。

◇译文

其一：

五十年功业如雷奔电扫，华清宫柳和咸阳草都已衰败。五坊供奉着不务正业的斗鸡小儿，生活奢靡不知岁月一去不返。安禄山率领的胡兵从天而降，虽是叛将但凶猛异常，也算奸雄之才。勤政楼前胡马奔走，珠翠尽被踏碎，香染尘埃。为什么出征总是溃败，为传递荔枝累死宝马。尧舜功德如天大，何必为此留下区区文字。留下碑铭歌功颂德真是鄙陋，还让鬼斧神工磨损山崖石壁。郭子仪、李光弼这样的大将不再受到猜疑，上天也不会再犯这样的错误。夏为殷鉴，应该引以为戒，记录这些事件的史册具在。君不见，张说为相时工于心计，多权谋，但到头来还是被姚崇算计。

其二：

君不见，兴衰虽令人震惊，但已至天宝年间，中兴颂碑上已是杂草丛生。国人已不知负国的奸雄，只说平息叛乱的功臣。谁将杨贵妃吹捧为天仙下凡，虢、秦、韩三姊妹皆有绝世之才？羯鼓之声响起，春风不敢吹起尘埃。安史二人的名姓谁还记得，健儿猛将已长眠地下。距离上天只有五尺之远的抱瓮峰上凿刻着开元二字。时移势去让人哀伤，奸诈之人心地险恶深如悬崖。西蜀之地虽远万里但终能返回，玄宗虽回长安，但南内一闭何时才能重开。可叹肃宗的孝德如天大，为何反倒使高力士为玄宗呼号。呜呼！人们不知道责备辅国用事张后专权，只知道感叹长安春荠按斤卖。

夏日绝句 [1]

生当作人杰 [2]，死亦为鬼雄 [3]。

至今思项羽，不肯过江东。

◇注释

[1]《夏日绝句》：也作《乌江》。

[2] 人杰：人中豪杰。汉高祖刘邦曾称赞张良、萧何、韩信为人杰。

[3] 鬼雄：鬼中英雄。屈原《国殇》："身既死兮神以灵，魂魄毅兮为鬼雄。"

◇译文

活着的时候应当做人中豪杰，死后也要成为鬼中英雄。到现在人们还在怀念项羽，因为他不肯退回江东苟且偷生。

想见

想见皇华过二京[1]，壶浆夹道万人迎。

连昌宫[2]里桃应在，华萼楼[3]头鹊定惊。

但说帝心怜赤子，须知天意念苍生。

圣君大信明如日，长乱何须在屡盟。

◇注释

[1] 二京：指南京（今河南商丘）和东京（今河南开封）。

[2] 连昌宫：唐高宗时置，在洛阳。诗人元稹有《连昌宫词》："连昌宫中满宫竹，岁久无人森似束。又有墙头千叶桃，风动落花红簌簌。"

[3] 华萼楼：花萼相辉楼。徐松在《唐两京城坊考》中有："开元二十四年十二月，毁东市东北角道政坊西北角，以广花萼楼前地。置宫后，宁王宪、申王㧑、岐王范、薛王业邸第相望，环于宫侧，明皇因题'花萼相辉'之名，取诗人棠棣之意。"

◇译文

　　希望看见使臣出使经过二京，百姓会拿出饭菜酒浆夹道欢迎。连昌宫中的千叶桃应该还在，华萼楼前枝头鸟雀也会用惊喜的心情欢迎他们。皇帝对人民怀有怜悯之心，上天也同情苍生之苦。皇帝圣明如日，应该知道一次次的结盟进贡只会助长祸乱。

晓梦

晓梦随疏钟，飘然蹑云霞。

因缘安期生，邂逅萼绿华[1]。

秋风正无赖，吹尽玉井花[2]。

共看藕如船，同食枣如瓜[3]。

翩翩座上客，意妙语亦佳。

嘲辞斗诡辩，活火分新茶。

虽非助帝功，其乐莫可涯。

人生能如此，何必归故家。

起来敛衣坐，掩耳厌喧哗。

心知不可见，念念犹咨嗟。

◇注释

[1] 萼绿华：传说中的得道仙女。

[2] 玉井花：传说中的一种神奇的莲花。韩愈《古意》："太华峰头玉井莲，开花十丈藕如船。"

[3] 食枣如瓜：《史记》有载："李少君曰：'臣尝游海上，见安期生，安期生食巨枣，大如瓜。'"

◇译文

稀疏的钟声伴着清晨的残梦，在云霞间飘然。有缘遇见仙人安期生，又邂逅了仙女萼绿华。秋风太无理，吹尽华山山顶的玉井花。与君共看藕大如船，同食巨枣大如瓜。坐上宾客潇洒翩翩，意气高妙语更佳。嘲谑争辩，用大火烹茶。虽不是辅佐天帝建立功业，但其中的快乐却是无穷尽。人生如果能够这样，何必一定要回到故乡。梦醒后起身敛衣而坐，捂住耳朵不想听见世间的喧哗。明知梦中的神仙不可见，醒来还是忍不住叹息、怀念。

咏史

两汉本继绍^[1]，新室^[2]如赘^[3]疣^[4]。

所以嵇中散^[5]，至死薄殷周^[6]。

◇注释

[1] 继绍：继承。

[2] 新室：指西汉末年王莽建立的新朝。

[3] 赘：多余。

[4] 疣：肉瘤。

[5] 嵇中散：指三国时期嵇康在临死前弹奏的曲子。嵇康，字叔夜，曾拜中散大夫不就，故人称嵇中散，为"竹林七贤"之一。

[6] 至死薄殷周：嵇康之友山涛任吏部郎迁散骑常侍后，向司马氏推举嵇康。但嵇康作为曹魏宗室，不齿山涛依附司马氏的行为，与之绝交，并作《与山巨源绝交书》。其中有：每非汤武而薄周孔。薄，鄙视，瞧不起。

◇译文

东汉和西汉本来就是相互承接的关系，而新朝的出现就像多余的肉瘤毫无用处。所以嵇康弹唱着广陵散慷慨赴死，至死不认可商汤和周武王，鄙薄周公和孔子。

夜发严滩 [1]

巨舰 [2] 只缘因利往，扁舟 [3] 亦是为名来。

往来有愧 [4] 先生德 [5]，特地通宵过钓台 [6]。

◇注释

[1] 严滩：又名严陵滩，相传为汉代严子陵隐居垂钓之地。严光，字子陵，后拒绝做官隐居在浙江富春江。

[2] 巨舰：大船。

[3] 扁舟：小船。

[4] 愧：羞愧。

[5] 先生德：先生，指严光，北宋范仲淹在钓台建"严先生祠堂"，并作记，其中有云："先生之德，山高水长。"

[6] 通宵过钓台：钓台，严子陵垂钓之地。刘秀称帝后，邀请严光做官，严光拒绝，隐居在富春江。严光不为名利所动，使得后人自愧不如，故有过钓台者，常在夜间往来。《七修类稿》卷三十《赵基严台诗》有："汉严子陵钓台，在富春江之涯。有过台而咏者曰'君为利名隐，我为利名来。羞见先生面，黄昏过钓台'。"

◇译文

　　大船往来是因为有利可图，小船来往也是为了追名逐利。先生的美德使来往的后人感到羞愧，故而选择夜间悄悄通过。

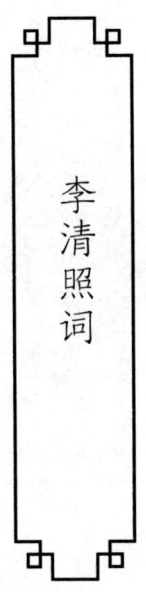

李清照词

长寿乐·南昌生日

微寒应候，望日边、六叶阶蓂初秀。爱景[1]欲挂扶桑，漏残银箭[2]，杓回摇斗[3]。庆高闳此际，掌上一颗明珠剖。有令容淑质，归[4]逢佳偶。到如今，昼锦满堂贵胄。

荣耀，文步紫禁，一一金章绿绶。更值棠棣连阴[5]，虎符熊轼[6]，夹河分守。况青云咫尺，朝暮重入承明后。看彩衣争献，兰羞玉酎[7]。祝千龄，借指松椿比寿。

◇注释

[1] 爱景：指冬天的太阳。杜预注《左传》有："冬日可爱，夏日可畏。"景，太阳。

[2] 漏残银箭：指天将明。漏残，指漏壶中的水快要滴尽。银箭，指漏壶中刻有度数的标尺。

[3] 杓（biāo）回摇斗：指斗柄东回，春天就要来到。

[4] 归：出嫁。

[5] 棠棣连阴：指兄弟福荫相继不断。棠棣：指兄弟。棠阴：出自《国风·召南·甘

棠》，是说周时召伯出巡南方，曾在甘棠树下处理事务，后人思念他，不忍砍伐。

[6] 虎符：虎形兵符，是古代调兵的信物，分为两半，一半留在京师，一半授予统兵的将领，调兵时由使臣持兵符验合才能生效。熊轼：古代高官所乘之车，车前横轼作伏熊形状。后来指公卿和地方长官。

[7] 兰羞玉酎（zhòu）：指美味佳酿。

◇译文

还是微冷的时节，盼望着太阳早些升起，阶前蓂荚生出六叶，已是初六了。冬日的太阳刚刚升起，天色将明，春天就要来到。您出生在显赫的家庭，是家中的掌上明珠。您有美好的容貌，贤淑的品德，且嫁了一个好丈夫。到如今，您已是满堂儿孙皆贵胄。

于荣耀而言，您的家族已是朝中中枢，个个金印绿绶位列三公。更值得称赞的是您的两个儿子福荫不断，他们持虎符乘熊轼车，成为地方郡守。他们很快就能高升，成为皇帝倚重的大臣。他们穿着彩衣给您祝寿，向您敬献美酒佳肴。祝您健康常在，与松椿比寿。

点绛唇·寂寞深闺

寂寞深闺，柔肠一寸愁千缕。惜春春去，几点催花雨。

倚遍阑干，只是无情绪。人何处？连天芳树，望断归来路。

◇译文

深闺寂寞，一寸柔肠却有千缕愁绪。春天已匆匆逝去，细雨潇潇是催促落红的声音。

整日倚栏远望，春光无限，无心赏。我心中的人啊，你在哪里？芳草连天，等不到你的归期。

点绛唇·蹴罢秋千

蹴罢秋千，起来慵整纤纤手。露浓花瘦，薄汗沾衣透。

见客入来，袜刬^[1]金钗溜。和羞走。倚门回首，却把青梅嗅。

◇注释

[1] 袜刬：未穿鞋子，以袜着地。

◇译文

荡罢秋千，起来懒得揉搓纤纤玉手。瘦弱的花枝上挂着晶莹的露珠，细小的汗珠湿透了轻薄的罗衣。

看见有客人进来，慌忙之中顾不上穿鞋，转身溜走，连头上的钗子也滑落下来。含羞地跑开。靠着门回头看，假装在嗅门前的青梅的香味。

多丽·咏白菊

　　小楼寒，夜长帘幕低垂。恨潇潇、无情风雨，夜来揉损琼肌。也不似、贵妃醉脸[1]，也不似、孙寿愁眉[2]。韩令偷香[3]，徐娘傅粉[4]，莫将比拟[5]未新奇。细看取、屈平陶令[6]，风韵正相宜。微风起，清芬蕴藉，不减酴醾。

　　渐秋阑、雪清玉瘦[7]，向人无限依依。似愁凝、汉皋解佩[8]，似泪洒、纨扇题诗[9]。朗月清风[10]，浓烟暗雨，天教憔悴度芳姿。纵爱惜、不知从此，留得几多时。人情好，何须更忆，泽畔东篱[11]。

◇注释

　　[1] 贵妃醉脸：像杨贵妃醉酒后那般明艳娇媚。

　　[2] 孙寿愁眉：孙寿，东汉梁冀之妻，善化妆作态，所作愁眉、啼妆、折腰步等风行一时。《后汉书·梁冀传》："妻孙寿，色美而善为妖态，作愁眉、啼妆、堕马髻、折腰步、龋齿笑，以为媚惑。"

　　[3] 韩令偷香：韩令指韩寿，东晋人，貌美体轻，贾充女儿贾午看中了他，两人翻墙私通，贾午将皇帝赐给父亲的西域奇香偷来送给韩寿。后来，贾充会见诸吏闻到韩寿身上的奇香，知道韩寿与女儿之事，便将女儿嫁给了韩寿。

[4] 徐娘傅粉：徐娘，指梁元帝的妃子徐昭佩。据《南史·梁元帝徐妃传》记载："妃以帝眇一目，每知帝将至，必为半面妆以俟，帝见则大怒而去。"

[5] 莫将比拟：不拿来对比。

[6] 屈平陶令：屈平，是屈原的名，又自名正则，字灵均。陶令：指陶渊明，一名潜，字元亮，曾任彭泽令。

[7] 雪清玉瘦：指白菊洁白如雪，清瘦似玉。

[8] 汉皋（gāo）解佩：汉皋，山名，在湖北。《太平御览》三引《列仙传》记载："郑交甫将往楚，道之汉皋台下，有二女，佩两珠，大如荆鸡卵。交甫与之言，曰：'欲子之佩。'二女解与之。既行返顾，二女不见，佩亦失矣。"

[9] 纨扇题诗：指班婕妤题写《团扇诗》。班婕妤初受汉成帝宠爱，后来赵飞燕姐妹入宫，班婕妤失宠，自请供养太后于长信宫。曾作团扇诗，以团扇在秋天被主人弃置表示对被弃女子的感叹。《团扇诗》又名《怨歌行》："新裂齐纨素，鲜洁如霜雪。裁为合欢扇，团团似明月。出入君怀袖，动摇微风发。常恐秋节至，凉飙夺炎热。弃捐箧笥中，恩情中道绝。"

[10] 朗月清风：《世说新语·言语》："清风朗月，辄思玄度。"

[11] 泽畔东篱：指屈原和陶渊明。《楚辞·渔父》："屈原既放，游于江潭，行吟泽畔，颜色憔悴。"

◇译文

夜里帘幕低垂，但小楼上依然寒冷。可恨那潇潇风雨无情，夜间摧残着菊花如玉的花瓣。菊花不似杨贵妃醉酒后那般娇媚，也不似孙寿那样故作愁眉。菊花不像韩寿那样偷取别人的奇香，也不像徐娘那样涂脂抹粉，他们都无法与菊花相比。细看来，屈原和陶渊明的高洁品性与白菊正相宜。微风起，白菊的清香不输给淡雅的醇醪。

秋天即将过去，白菊愈显清瘦，流露出无限依恋之情。白菊似忧愁凝聚，如汉皋解佩，似泪洒于纨扇题诗。有时清风明月，有时浓雾暗雨，上天让白菊在憔悴中度尽芳姿。我纵使爱惜，也不知还能将它挽留到什么时候？如果世人懂得欣赏，爱惜白菊，何必去追忆屈原和陶渊明爱菊呢？

蝶恋花·晚止昌乐馆^[1]寄姊妹

泪湿罗衣脂粉满，四叠《阳关》^[2]，唱到千千遍。人道山长山又断，萧萧微雨闻孤馆。

惜别伤离方寸^[3]乱，忘了临行，酒盏深和浅。好把音书凭过雁，东莱^[4]不似蓬莱远。

◇注释

[1] 昌乐馆：昌乐县驿馆。

[2]《阳关》：指王维《送元二使安西》："渭城朝雨浥轻尘，客舍青青柳色新。劝君更进一杯酒，西出阳关无故人。"

[3] 方寸：方寸地，指人心。

[4] 东莱：莱州，赵明诚当时为官之地。

◇译文

离别的泪水湿了罗衣，乱了妆容。送别的《阳关曲》唱了一遍又一遍。

听闻群山连绵，路途遥远，寄居孤馆，潇潇细雨，无限凄凉。

离别的情绪扰乱我的芳心，不知临别的酒是如何喝下去的，也不记得杯中深浅。以后请把书信托付给过往的大雁，毕竟东莱不像蓬莱那么遥远。

蝶恋花·暖雨和风初破冻

暖雨和风初破冻，柳眼[1]梅腮[2]，已觉春心动。酒意诗情谁与共？泪融残粉花钿[3]重。

乍试夹衫金缕缝[4]，山枕[5]斜欹[6]，枕损钗头凤。独抱浓愁无好梦，夜阑犹剪灯花弄。

◇注释

  [1]柳眼：指柳叶，初生的柳叶，细长如眼。

  [2]梅腮：梅花瓣儿，似女子香腮。

  [3]花钿：用金翠珠宝制成的花朵首饰。

  [4]金缕缝：用金线缝制的衣服。

  [5]山枕：檀枕，因外形如"凹"字，故名。

  [6]欹（qī）：倾斜，歪。

◇译文

　　春风春雨带来了温暖，送走了冬天的寒冷，柳叶初生，梅花怒放，春天已然来临。只是你不在身边，谁与我把酒论诗？不觉泪水已湿了双颊，残了脂粉，头上花钿也沉重起来。

　　穿上金丝缝制的夹衫，却无情无绪地斜靠在枕头上，压坏了头上的钗饰。满怀愁绪，夜里都没有好梦可做，夜深了，还在剪弄灯花，以排遣愁怀。

蝶恋花·上巳[1]召亲族

永夜恹恹[2]欢意少。空梦长安，认取[3]长安道。为报今年春色好。花光月影宜相照。

随意杯盘虽草草[4]。酒美梅酸，恰称人怀抱。醉里插花花莫笑[5]。可怜春似人将老。

◇注释

[1]上巳：上巳节，汉以前将三月上旬之巳日定为上巳节，魏晋以后，改为三月初三，因此上巳节又称"三月三"。

[2]恹恹：精神萎靡不振。

[3]认取：记得。

[4]草草：简单。

[5]醉里插花花莫笑：苏轼《吉祥寺赏牡丹》："人老簪花不自羞，花应羞上老人头。"李清照在词中反其意而用之。

◇译文

长夜漫漫，心中甚是无味。只有梦里才能见到都城，还能认出那些依旧熟悉的街道。为了证明今年春色好，花色与月影相互映照。

宴席简便，菜品简单。酒是美酒，梅子也酸甜可口，这些都让人称心如意。醉酒后把花插在头上，花儿不要笑我。可怜春天也很快要逝去，就像人终会衰老一样。

凤凰台上忆吹箫·香冷金猊

香冷金猊^[1]，被翻红浪，起来慵自梳头。任宝奁尘满，日上帘钩。生怕离怀别苦，多少事、欲说还休。新来瘦，非干病酒，不是悲秋。

休休！这回去也，千万遍《阳关》，也则难留。念武陵人远，烟锁秦楼^[2]。惟有楼前流水，应念我、终日凝眸。凝眸处，从今又添，一段新愁。

◇注释

[1] 金猊：狮形的香炉。

[2] 秦楼：也称凤楼，相传为春秋时期秦穆公的女儿弄玉与其夫君箫史乘凤飞升之前的住所。冯延巳《南乡子》中有"烟锁秦楼无限事"之句。

◇译文

香已燃尽，炉已冷透，起床后，红色的锦被堆在床头无心整理，也无心梳头整理妆容。任由梳妆匣落满灰尘，阳光照到帘钩上。我害怕这离愁别恨，心中有无数思念想要倾诉，却又不知从何说起。最近又消瘦了不少，不是因为喝酒，也不因为悲秋。

　　算了罢！算了罢！这次他要离开，就算唱起千万遍的《阳关曲》，也无法将他挽留。想到你就要远去，留我独守空楼。唯有楼前流水会顾念着我，映着我整日凝眸远望。凝眸处，从今以后，又添一段期盼你早日归来的忧愁。

浣溪沙·小院闲窗春已深

小院闲窗[1]春已深，重帘未卷影沉沉。倚楼无语理瑶琴。

远岫出云催薄暮，细风吹雨弄轻阴。梨花欲谢恐难禁。

◇**注释**

[1] 闲窗：带棂的窗户。也有幽闲之意。

◇**译文**

小院掩映在深深的春色之中，小窗闲掩，层层绣帘还未卷起，闺房内暗影沉沉。倚靠着栏杆，心中愁绪无处倾诉，只好无趣地拨弄着琴弦。

远处山峰间的云雾催得暮色降临，微风吹乱了空中的雨丝，吹皱了天上的阴云。即将凋零的梨花恐怕也难以阻止这令人伤感的春景。

浣溪沙·淡荡春光寒食天

淡荡^[1]春光寒食^[2]天，玉炉沉水袅残烟。梦回山枕隐花钿。

海燕^[3]未来人斗草^[4]，江梅已过柳生绵。黄昏疏雨湿秋千。

◇注释

[1] 淡荡：舒缓荡漾。

[2] 寒食：寒食节，在清明前一两日。相传春秋时期，介子推跟随晋文公重耳逃亡时，曾将大腿上的肉给重耳吃。晋文公成为国君后，封赏有功之臣。介子推不愿受赏，带着母亲隐居深山。晋文公为了逼介子推出来而放火烧山，介子推坚决不出，最后被烧死。为了纪念介子推，晋文公下令这一天禁火寒食。

[3] 海燕：燕子的一种，冬天在南方过冬，夏天在北方筑巢，又名越燕。

[4] 斗草：也称斗百草，古代青年女子与儿童参加的一种竞采百草、比赛优胜的游戏。

寒食时节，春光荡漾，玉炉中的沉香残烟袅袅。午睡醒来，头上花钿掉落在枕边。

海燕还未归来，人们已经玩起了斗草的游戏，江边的梅子已掉落，绵绵柳絮在风中飞舞。黄昏细雨打湿了孤独的秋千。

浣溪沙·髻子伤春慵更梳

髻子伤春慵更梳，晚风庭院落梅初。淡云来往月疏疏。

玉鸭熏炉闲瑞脑[1]，朱樱斗帐[2]掩流苏。通犀还解辟寒无？

◇注释

[1] 瑞脑：香料名。

[2] 朱樱斗帐：有樱桃图案的覆斗形的帐子。

◇译文

闺中女子满怀愁绪，随意挽起发髻，慵懒梳妆。晚风习习，吹落了院中的梅花。浮云飘荡，遮挡了月亮的光芒。

镶着美玉的鸭形熏炉中，尚有闲置的瑞脑香，朱红的樱桃斗帐，流苏低垂。你已不在身边，曾经的犀角怎能驱散心中的寒意？

浣溪沙·莫许杯深琥珀浓

莫许杯深琥珀浓^[1]，未成沉醉意先融^[2]。疏钟^[3]已应晚来风。
瑞脑香消魂梦断，辟寒金^[4]小髻鬟松。醒时空对烛花红。

◇**注释**

[1] 琥珀浓：指酒的颜色如琥珀。琥珀，松柏的树脂积压在地底亿万年而形成的化石，颜色多为褐色或红褐色。

[2] 融：醉酒恬适的意态。

[3] 疏钟：断断续续的钟声。

[4] 辟寒金：南朝梁任昉所著《述异记》："三国时，昆明国贡魏嗽金鸟，鸟形如雀，色黄，常翱翔海上，吐金屑如粟。至冬，此鸟即畏霜雪。魏帝乃起温室以处之，名曰辟寒台。故谓吐此金为辟寒金也。"词中指簪子。

◇**译文**

不要说酒杯太深，琥珀色的酒太浓，还未喝醉已觉醉意。晚风习习，远处的钟声不时传来。

　　瑞脑香已渐渐熄灭，从梦中醒来，头上金簪滑落，发髻松散。醒来时空对着烛花黯然神伤。

浣溪沙·绣面芙蓉一笑开

绣面芙蓉一笑开，斜飞宝鸭[1]衬香腮。眼波才动被人猜。

一面风情深有韵，半笺娇恨[2]寄幽怀。月移花影约重来。

◇注释

[1] 宝鸭：鸭形发饰。

[2] 半笺娇恨：信中嗔怨之辞。

◇译文

贴花的面颊笑起来如盛开的荷花，头上斜插的鸭形发饰将香腮衬托得更加美丽。眼波流转，很容易被人猜到是在思念着心上人。

脸上的柔情饱含深韵，只能用信笺把心中的娇嗔怨恨和思念寄给对方。月移花影，盼望着再次与心上人相会。

好事近·风定落花深

风定落花深，帘外拥红堆雪。长记海棠开后，正伤春时节。

酒阑歌罢玉尊空，青釭[1]暗明灭。魂梦不堪幽怨，更一声啼鴂。

◇注释

[1] 青釭：青灯。

◇译文

风停后，满院落花堆积，帘外花瓣层层叠叠。长记海棠花开以后，正是伤春时节。

玉杯空，酒尽兴，歌声已停歇，青灯闪烁，忽明忽暗。梦中已不堪忧愁的困扰，传来一声杜鹃的啼鸣更令人伤怀。

减字木兰花·卖花担上

卖花担上，买得一枝春欲放。泪^[1]染轻匀，犹带彤霞晓露痕。

怕郎猜道，奴面不如花面好。云鬓斜簪，徒要教郎比并^[2]看。

◇注释

   [1] 泪：指露珠。

   [2] 比并：对比。

◇译文

   在卖花的担子上，买了一枝将要开放的花。花上有露珠留下的痕迹，更加清新明艳。

   担心丈夫看到花后，认为我的容颜不如花颜好。我将花插在云鬓间，让他看一看，我与花，到底哪个更美。

临江仙·庭院深深深几许

欧阳公作《蝶恋花》，有"深深深几许"之句，予酷爱之。用其语作"庭院深深"数阕，其声即旧《临江仙》也。

庭院深深深几许计，云窗雾阁常扃[1]。柳梢梅萼渐分明。春归秣陵[2]树，人老建康城。

感月吟风多少事，如今老去无成。谁怜憔悴更凋零。试灯[3]无意思，踏雪没心情。

◇注释

[1] 扃（jiōng）：关闭。

[2] 秣陵：现在的江苏南京，与下文的建康城是同一地方。

[3] 试灯：元宵节前，张灯预赏。

◇译文

庭院深深，到底有多少层深呢？云雾缭绕的楼阁门窗经常关闭。柳梢吐芽，梅萼泛青的景象越来越分明，春风吹绿了建康城的树枝，而我却人老建康城。

忆往昔，醉酒吟诗，听风赏月，如今已老去，却什么事也没有做成。谁怜我孤身一人，憔悴凄凉，对赏月试灯、踏雪寻诗也失去了兴致。

临江仙·梅

庭院深深深几许，云窗雾阁春迟。为谁憔悴损芳姿？夜来清梦好，应是发南枝[1]。

玉瘦檀[2]轻无限恨，南楼羌管休吹[3]。浓香吹尽有谁知？暖风迟日[4]也，别到杏花肥。

◇注释

[1] 南枝：向阳的梅枝。

[2] 檀：原是木名，这里指浅绛色。

[3] 羌管休吹：不要吹奏哀怨的笛曲《梅花落》。

[4] 暖风迟日：孙光宪《浣溪沙·蓼岸风多橘柚香》有"兰沐初休曲槛前，暖风迟日洗头天"之句。

◇译文

庭院深深，到底有多少层深呢？楼阁上云雾弥漫，阻挡了春天的脚步。

因为思念谁而容颜憔悴、芳姿瘦损啊？只有梦中才有相聚的美好，朝阳的梅枝应该到了发芽的时节。

梅花清瘦，南楼的羌笛不要再吹奏哀怨的曲子。有谁知道浓香的梅花已落尽？春日的暖风，别一下就让时间来到杏花盛开的时节了。

浪淘沙·帘外五更风

帘外五更风，吹梦无踪。画楼重上与谁同？记得玉钗斜拨火，宝篆^[1]成空。

回首紫金峰^[2]，雨润烟浓^[3]。一江春浪醉醒中。留得罗襟前日泪，弹^[4]与征鸿。

◇注释

[1] 宝篆：一种珍贵的篆香。

[2] 紫金峰：指南京的钟山，也叫蒋山。《广弘明集》卷三十徐孝克《仰合令君摄栖霞寺山房夜坐六韵》："戒坛青山路，灵相紫金峰。"

[3] 雨润烟浓：水汽、雾气浓郁。

[4] 弹：挥洒。

◇译文

五更时分，一阵寒风吹入帘内，把我从梦中吹醒。同谁一起再次登上画楼呢？还记得当年用玉钗拨弄薰香，如今宝篆香已燃尽。

回头看着窗外的紫金山峰，细雨霏霏，烟雾缭绕。一江春水奔腾而去，我却在半醉半醒之中。罗襟前还留有之前的泪痕，拭去泪痕将它们托付给远去的大雁。

满庭芳 · 残梅

小阁藏春，闲窗锁昼，画堂无限深幽。篆香烧尽，日影下帘钩。手种江梅渐好，又何必、临水登楼。无人到，寂寥恰似，何逊[1]在扬州。

从来知韵胜，难禁雨藉，不耐风揉。更谁家横笛，吹动浓愁。莫恨香消雪减，须信道、扫迹情留。难言处，良宵淡月，疏影尚风流。

◇注释

[1]何逊：南朝梁诗人，字仲言，八岁能诗，诗与阴铿齐名，文与刘孝绰齐名。曾为官扬州。其《扬州法曹梅花盛开》是中国诗史上最早的咏梅诗，后常被用为事典。这里为李清照化用杜甫《和裴迪登蜀州东亭送客逢早梅相忆见寄》："东阁官梅动诗兴，还如何逊在扬州。"

◇译文

阁楼中好似春天，窗户阻挡了外面的白昼，画堂非常幽深。炉中香已烧尽，日影渐移，照到了帘钩。亲自栽种的梅花已长好，又何必再临水登楼赏风景。

无人交谈，如同何逊当年在扬州一样彷徨寂寥。

　　梅花以韵取胜，虽不畏霜雪，但难以经受风雨摧残和蹂躏。是谁一曲《梅花落》，吹动了我的愁绪。不要怪香气消失，花落如雪，要相信梅花踪迹难寻但情意长留。难以言说，美好的夜晚，月光下梅花的姿影也显得俊俏风流。

木兰花令·沉水香消人悄悄

沉水香消人悄悄，楼上朝来寒料峭。春生南浦水微波，雪满东山^[1]风未扫。金樽莫诉连壶倒，卷起重帘留晚照。为君欲去更凭栏，人意不如山色好。

◇注释

[1] 东山：东晋谢安隐居之处。

◇译文

沉水香燃尽，我静默无语，小楼上依然春寒料峭。你离开时南浦之水微波荡漾，东山上的积雪还未融化。

不要推辞，尽情饮酒，卷起帘子，想要挽留天边的斜阳。只因你要远去，我凭栏远眺，却无心欣赏，这么美好的景色竟留不住他要远去的心意。

念奴娇·春情

　　萧条庭院，又斜风细雨，重门须闭。宠柳娇花寒食近，种种恼人天气。险韵诗[1]成，扶头酒[2]醒，别是闲滋味。征鸿过尽，万千心事难寄。

　　楼上几日春寒，帘垂四面，玉阑干慵[3]倚。被冷香消新梦觉，不许愁人不起。清露晨流，新桐初引，多少游春意。日高烟敛[4]，更看今日晴未[5]？

◇注释

　　[1] 险韵诗：用生僻又难押之字为韵脚的诗。

　　[2] 扶头酒：易醉之酒。

　　[3] 慵：懒。

　　[4] 敛：散。

　　[5] 晴未：天气晴了没有。未：表示询问。

◇译文

　　斜风细雨更添院中萧条冷清，只好紧闭院门。寒食节就要临近，春花吐芳，嫩柳生芽，又到了令人烦恼的时节。险韵诗已写成，从醉酒中清醒过来，心中闲闷无趣。鸿雁已远去，还有谁能为我带去心中的思念。

　　这几日楼上尚且寒冷，帘幕低垂，无心倚栏杆。熏香已灭，锦被清冷，从梦中醒来，不得不起床。清晨露珠滴落，新发的梧桐叶泛绿，增添了不少游春的情致。太阳高照，云雾散去，看看今天是否又是一个晴朗的好天气？

南歌子·天上星河转

天上星河转，人间帘幕[1]垂。凉生枕簟泪痕滋，起解罗衣、聊问夜何其[2]？翠贴莲蓬小，金销藕叶稀。旧时天气旧时衣，只有情怀、不似旧家时。

◇注释

[1] 帘幕：夜幕。

[2] 夜何其：夜有多深。《诗经·小雅·庭燎》："夜如何其？夜未央，庭燎之光。"

◇译文

天上银河缓缓转动，人间夜幕低垂。枕席上透出丝丝凉意，泪水浸湿了枕头，起身解开罗衣，且问夜有多深？

罗衣上用翠绿丝线绣成的莲蓬已变小，用金色丝线绣制的荷叶已稀疏。天气依旧，罗衣依旧，只是心情不似旧时候。

菩萨蛮·归鸿声断残云碧

归鸿声断残云碧，背窗[1]雪落炉烟直。烛底凤钗明，钗头人胜轻。

角声催晓漏，曙色回牛斗[2]。春意看花难，西风留旧寒。

◇注释

[1] 背窗：身后的窗户。

[2] 牛斗：同斗、牛，星宿名。

◇译文

鸿雁北归，雁鸣声声，渐渐消失在飘着淡淡浮云的碧空中，窗外雪花纷纷，屋内直直升起一缕炉烟。烛光下，凤钗明艳，钗头上装饰用的人胜轻盈。

角声催促着滴漏快点滴尽，催促着黎明的到来，斗转星移，晨曦初现，天将破晓。尚在早春，也无看花的心情，春寒料峭，花儿也无心思出来争春。

菩萨蛮·风柔日薄春犹早

风柔日薄春犹早，夹衫乍著[1]心情好。睡起觉微寒，梅花鬓上残。

故乡何处是，忘了除非醉。沉水卧时烧，香消酒未消。

◇注释

[1] 乍著：刚穿上。

◇译文

春风和煦，阳光温暖，已是早春季节，刚刚换上轻薄的夹衫，心情顿好。一觉醒来感到有些寒意，鬓上梅花妆容已乱。

我的故乡在何处，只有酒醉，才能忘记思乡的痛苦。睡前点燃炉中的薰香，如今沉水香的烟雾已散尽，而我还在醉中未清醒。

清平乐·年年雪里

年年雪里，常插梅花醉。挼尽梅花无好意，赢得满衣清泪。

今年海角天涯，萧萧两鬓生华。看取晚来风势，故应难看梅花。

◇译文

以往下雪的时候，常常沉醉在插梅赏雪的快乐中。而今却无心情，揉搓着手中的梅花，不觉已是泪湿衣襟。

今年我却漂泊天涯，两鬓已斑白。看样子晚上风势会更急，应该无法赏梅了。

青玉案·征鞍不见邯郸路

征鞍[1]不见邯郸路。莫便匆匆归去。秋风萧条何以度。明窗小酌，暗灯清话，最好流连处。

相逢各自伤迟暮。独把新词诵奇句。盐絮[2]家风人所许。如今憔悴，但余双泪，一似黄梅雨。

◇注释

[1] 征鞍：征马，指出征远行之人。

[2] 盐絮：典故出自《晋书·列女传·王凝之妻谢氏》："谢安侄女道韫，才思敏捷，尝居家遇雪，安曰：'何所似也？'安兄子朗曰：'散盐空中差可拟。'道韫曰：'未若柳絮因风起。'"后盐絮家风便成为称赞才学和家风的典故。

◇译文

多年征鞍劳顿，不过是"黄粱一梦"。不要再匆忙奔波了。秋风萧瑟，你又远去，留下我孤零零一个，如何度日？从前白天，我们在窗前对酌，晚上，我们在灯下闲谈，这样的日子多么让人怀念、留恋。

　　每一次相逢，都各自伤感，时光飞逝，我们已渐渐老去。你反复吟诵我新写的诗句，并称赞其中的佳句。人人称赞羡慕我们谈诗论词的家风。如今，我已憔悴不堪，只有脸上的泪水似黄梅雨般连绵不断。

庆清朝·禁幄低张

禁幄低张，雕栏巧护，就中独占残春。容华淡伫[1]，绰约俱见天真。待得群花过后，一番风露晓妆新。妖娆态，妒风笑月，长殢[2]东君。

东城边，南陌上，正日烘池馆，竞走香轮。绮筵散日，谁人可继芳尘。更好明光宫殿，几枝先向日边匀。金尊倒，拚[3]了画烛，不管黄昏。

◇注释

[1] 淡伫：恬静闲适地久久伫立。

[2] 殢（tì）：滞留。

[3] 拚（pàn）：舍弃。

◇译文

宫禁中的帷幕低张，红色的栏杆环绕围护，这里被保护的是独占暮春的一种名花。雍容华贵，风姿绰约，可见天公造化的精巧。等到群花开过之后，这经历了一番风露的名花就像晓妆初成的佳人。它姿态妖娆，妒风笑月，尽情地逗弄着春神。

东城边，南陌上，这些地方的亭台池馆终日被暖阳照耀，香车宝马川流不息。名花开后，还有什么花可继芳尘？明光宫内，有几枝向阳的牡丹已经绽放。不管黄昏是否已至，直喝得金樽倾倒，灯烛燃尽。

如梦令·常记溪亭日暮

常记溪亭日暮，沉醉不知归路。兴尽晚回舟，误入藕花深处。争渡，争渡，惊起一行鸥鹭。

◇译文

常常记起在溪边的亭中游玩至日暮时分，沉浸其中忘记回家。兴尽划船归去，不小心进入了荷花深处。奋力划船，奋力划船，惊飞一行鸥鹭。

如梦令·昨夜雨疏风骤

昨夜雨疏风骤，浓睡不消残酒。试问卷帘人，却道海棠依旧。知否？知否？应是绿肥红瘦。

◇译文

昨夜风急雨疏，沉睡一夜还未完全清醒。问卷帘的人，院中什么情景，答道：海棠花和昨天一样。知道不知道？知道不知道？现在应该是绿叶繁茂、红花凋落的时节。

诉衷情·夜来沉醉卸妆迟

夜来沉醉卸妆迟。梅萼插残枝。酒醒熏破春睡，梦断不成归。

人悄悄，月依依。翠帘垂。更挼[1]残蕊，更捻余香，更得些时。

◇注释

[1] 挼（ruó）：揉搓。

◇译文

昨晚醉酒，没有卸妆便已睡去，鬓角插的梅花已掉落，空有花萼残留枝上。酒力稍退，梅花的浓香把我从睡梦中熏醒，故乡遥远，即使梦中也难回去。

院中寂静，只有月光留恋不舍。翠帘低垂。揉搓着残破的花蕊，闻着手上的余香，慢慢打发这无聊的时光。

声声慢·寻寻觅觅

寻寻觅觅，冷冷清清，凄凄惨惨戚戚。乍暖还寒时候，最难将息[1]。三杯两盏淡酒，怎敌他、晚来风急？雁过也，正伤心、却是旧时相识。

满地黄花堆积，憔悴损、如今有谁堪摘？守着窗儿，独自怎生得黑？梧桐更兼细雨[2]，到黄昏、点点滴滴。这次第[3]，怎一个愁字了得。

◇注释

[1] 将息：休息调养。

[2] 梧桐更兼细雨：化用白居易《长恨歌》"秋雨梧桐叶落时"句。

[3] 这次第：这光景。

◇译文

我寻寻觅觅，却依旧冷冷清清，让人倍感凄惨。忽冷忽热，这个时候最难调养休息。喝上三两杯淡酒，怎能抵御傍晚的寒风？一行大雁飞过，让人更加伤心，因为它们是替我传递过书信的旧相识。

菊花已落满地，憔悴不堪，如今还有谁来采摘？独自一人守在窗前，什么时候才能熬到天黑？雨打梧桐，点点滴滴，到了黄昏，还在滴滴答答，这光景，怎能用一个"愁"字来形容。

生查子·年年玉镜台 [1]

年年玉镜台 [2]，梅蕊宫妆 [3] 困。今岁不归来，怕见江南信。

酒从别后疏，泪向愁中尽。遥想楚云 [4] 深，人远天涯近。

◇注释

[1] 此词作者存疑，一作李清照或朱敦儒词，一作朱淑真词。

[2] 玉镜台：装有镜子的梳妆台，这里指定情物。唐杨容华《新妆》："凤钗金作缕，鸾镜玉为台。"

[3] 梅蕊宫妆：指梅花妆，即在眉心画五瓣梅花。《太平御览·时序部》引《杂五行书》记载："宋武帝女寿阳公主，人日卧于含章殿檐下，梅花落公主额上，成五出花，拂之不去。皇后留之，看得几时，经三日洗之，乃落。宫女奇其异，竞效之。今梅花妆是也。"

[4] 楚云：指江南的云。

◇译文

长年对着玉镜妆台，每次画的都是梅花妆，如今已无新鲜感。今年依然未见心上人回来，虽然盼着他的来信，但又担心信中有不好的消息。

自从分别后，我已经很少喝酒，眼泪也在思念中流尽。我每日遥想着江南云深之处，只是他在比"天涯"还远的地方。

殢人娇·后亭梅花开有感

玉瘦香浓，檀[1]深雪散。今年恨、探[2]梅又晚。江楼楚馆[3]，云间水远[4]。清昼永、凭栏翠帘低卷。

坐上客来，尊中酒满。歌声共、水流云断。南枝[5]可插，更须频剪。莫直待、西楼数声羌管。

◇注释

[1] 檀：指花的香味。

[2] 探：观赏。

[3] 江楼楚馆：泛指旅舍。

[4] 云间水远：形容路途遥远。

[5] 南枝：向阳的梅枝。

◇译文

梅枝虽瘦，梅花香气却很浓，梅香一直持续到雪融化。今年又错过了赏梅时节，留下遗憾。旅居在外，路程遥远。白昼漫长，翠帘低卷，凭栏远眺。

宴会上客人来来往往，杯中美酒斟满。歌声唱合，如行云流水。向阳的梅枝已开花，趁着花还未落，可以多采摘。不要等到独上西楼，听那凄凉的羌笛声。

添字采桑子·芭蕉

窗前谁种芭蕉树，阴满中庭。阴满中庭，叶叶心心，舒卷有余情。

伤心枕上三更雨，点滴霖霪。点滴霖霪，愁损北人，不惯起来听。

◇译文

窗前谁种的芭蕉树，已是枝叶繁茂，浓阴遮挡了整个庭院。舒展的叶片和叶心相互依恋。

满怀愁绪，辗转反侧到深夜，三更时分又下起了小雨，点点滴滴，淅淅沥沥。一声声敲打着离人的心扉，于是披衣起床。

摊破浣溪沙·病起萧萧两鬓华

病起萧萧两鬓华。卧看残月上窗纱。豆蔻连梢煎熟水，莫分茶。

枕上诗书闲处好，门前风景雨来佳。终日向人多酝藉^[1]，木犀^[2] 花。

◇注释

[1] 酝藉：宽和，有涵容。

[2] 木犀：桂花。

◇译文

　　病后初愈，斑白的两鬓又添白发。躺在床上看着残月照到窗纱上。用连枝的豆蔻煮成汤水，不用费心分茶了。

　　靠在枕上读读诗书甚是悠闲，看门前雨中景色更美。终日陪伴着我的是那几株默默无语的木犀花。

摊破浣溪沙·揉破黄金万点轻

揉破黄金万点轻。剪成碧玉叶层层[1]。风度精神如彦辅[2]，大[3]鲜明。
梅蕊重重何俗甚，丁香千结[4]苦[5]粗生。熏透[6]愁人千里梦，却无情。

◇注释

[1] 剪成碧玉叶层层：化用贺知章《咏柳》诗意。

[2] 彦辅：西晋南阳人，名乐广，气度不凡，是当时著名的风流人物。《晋书·刘隗传》有："王夷甫太鲜明，乐彦辅我所敬。"

[3] 大：通"太"。

[4] 丁香千结：语出毛文锡《更漏子》词："庭下丁香千结。"

[5] 苦：有嫌弃之意。

[6] 透：醒，指被桂花的香气熏醒。

◇译文

桂花色彩金黄，碧玉似的层层绿叶如刀裁切而成。其风度精神如晋代名士乐广一样风流俊逸，名重于时。

梅花重重叠叠的花瓣，就像只重外表的女子，如何让人不感到俗气？丁香花簇簇堆积也太过小气。桂花的香气把我从梦中熏醒，打断我怀念故人，多么的无情。

武陵春·风住尘香花已尽

风住尘香花已尽，日晚倦梳头。物是人非事事休。欲语泪先流。

闻说双溪春尚好，也拟泛轻舟。只恐双溪舴艋舟^[1]，载不动、许多愁。

◇注释

[1] 舴（zé）艋舟：小舟。

◇译文

风终于停歇，花已落尽，沾花的尘土散发出些许的香气，天色已晚，仍无心梳洗。物是人非，一切都已完结。我愁肠百结，还未开口已经泪流满面。

听说双溪春色还好，打算去那里划船散心。又担心双溪那只小船，载不动我心中的无限忧愁。

小重山·春到长门春草青

春到长门^[1]春草青。江梅些子破^[2]，未开匀。碧云^[3]笼碾^[4]玉成尘。留晓梦，惊破^[5]一瓯春。

花影压重门。疏帘铺淡月，好黄昏。二年三度负东君^[6]。归来也，着意过今春。

◇注释

[1] 长门：长门宫。汉武帝的皇后陈阿娇失宠后被打入长门宫，陈阿娇花重金请司马相如写《长门赋》，依然无法挽回汉武帝的心。这里用长门来形容作者孤寂的住所。

[2] 些子：少许，一点。破：绽开。

[3] 碧云：指茶团。

[4] 笼碾：两种碾茶工具，词中是指把茶放在器皿中碾碎。

[5] 惊破：清醒。

[6] 东君：原指太阳，后指春神。

小重山·春到长门春草青

春到长门[1]春草青。江梅些子破[2]，未开匀。碧云[3]笼碾[4]玉成尘。留晓梦，惊破[5]一瓯春。

花影压重门。疏帘铺淡月，好黄昏。二年三度负东君[6]。归来也，着意过今春。

◇注释

[1] 长门：长门宫。汉武帝的皇后陈阿娇失宠后被打入长门宫，陈阿娇花重金请司马相如写《长门赋》，依然无法挽回汉武帝的心。这里用长门来形容作者孤寂的住所。

[2] 些子：少许，一点。破：绽开。

[3] 碧云：指茶团。

[4] 笼碾：两种碾茶工具，词中是指把茶放在器皿中碾碎。

[5] 惊破：清醒。

[6] 东君：原指太阳，后指春神。

◇译文

　　春已到，长门宫外，春草青青。梅花才绽开一点，还未展匀。碾碎的碧云茶像玉一样晶莹。还在留恋梦中的美好，抿一口，惊破一杯春景。

　　重重叠叠的花影映在重门上。疏帘透进淡淡月光，多么美好的黄昏。两年来三次辜负了春神的深情。回来吧，一定要好好度过今年的春天。

行香子·草际鸣蛩

草际鸣蛩[1]，惊落梧桐，正人间、天上愁浓。云阶月地，关锁千重。纵浮槎来，浮槎去，不相逢。

星桥鹊驾，经年才见，想离情、别恨难穷。牵牛织女，莫是离中。甚霎儿[2]晴，霎儿雨，霎儿风。

◇注释

[1] 蛩（qióng）：蟋蟀。

[2] 霎儿：一会儿。

◇译文

蟋蟀在草丛中叫个不停，惊落了院中的梧桐叶，这是人间、天上愁绪正浓的时节。天宫云阶月地，关锁千重万重。即使乘着浮槎到天上去，也须乘着浮槎回来，不能相逢。

乌鹊架起星桥，经年才能得见，牵牛、织女一定是离情、别恨无穷无尽。难道牵牛、织女还在离别中，未能相见。天气为何还要一会儿晴，一会儿雨，一会儿风。

新荷叶·薄露初零

薄露初零，长宵共、永昼分停[1]。绕水楼台，高耸万丈蓬瀛。芝兰为寿，相辉映、簪笏盈庭。花柔玉净，捧觞别有娉婷[2]。

鹤瘦松青[3]，精神与、秋月争明。德行文章，素驰日下[4]声名。东山高蹈，虽卿相、不足为荣。安石[5]须起，要苏天下苍生。

◇注释

[1] 分停：平分。

[2] 娉婷：指美女。

[3] 鹤瘦松青：鹤寿长谓之仙鹤，松柏常年青翠，二者为祝寿之辞。

[4] 日下：指京都。古人把皇帝比喻为日，皇帝所居之地为日下。

[5] 安石：谢安，字安石。

◇译文

秋分之际，薄露初降，白昼和夜晚等长。水绕楼台，亭阁高耸似仙境。

大家为寿星献上淡雅清香的兰花和延年益寿的灵芝，拜寿的名士相辉映，挤满了庭院。侍女们像花儿一样柔美，手捧壶觞穿行席间，风姿翩翩，别有一番风味。

　　祝寿星身体健康如仙鹤之矍铄，如松树之长青，愿寿星的精神与秋月争明。寿星的德行文章驰名京都。谢安声震朝野，虽为卿相也无法与您相比。您也要像谢安那样尽快出仕，以拯救饱受战乱之苦的黎民百姓。

怨王孙·梦断漏悄[1]

梦断漏[2]悄，愁浓酒恼。宝枕生寒，翠屏向晓。门外谁扫残红？夜来[3]风。

玉箫声断人何处？春又去，忍[4]把归期负。此情此恨，此际以托行云，问东君。

◇注释

[1] 此篇存疑，一说无名氏作。

[2] 漏：指古代的计时工具。

[3] 夜来：昨夜。

[4] 忍：怎忍，岂忍。

◇译文

从睡梦中醒来，滴漏已经没有声音。心中满是忧愁，本想借酒浇愁却更添烦恼。独倚枕上，渐生寒意，晨光洒在翠屏上。谁在打扫院中昨夜零落一地的残红？是夜里的风吧。

玉箫声断，不知你身在何处？又是一年春归去，你怎么忍心再次辜负归期。在此刻，此情此恨该如何排遣，只能托付给天上的行云，让它替我去问问春神吧。

怨王孙·帝里春晚

帝里春晚，重门深院，草绿阶前。暮天雁断，楼上远信谁传？恨绵绵。

多情自是多沾惹，难拚舍[1]。又是寒食也。秋千巷陌，人静皎月初斜，浸梨花。

◇注释

[1] 拚舍：舍弃不顾。

◇译文

帝都的暮春时节，庭院深深，重门紧闭，阶前草绿。傍晚的天空，看不见大雁的身影，站在楼上，有谁为我传来远方的信息？心中恨意绵绵。

多情之人总是有诸多烦恼，心中的思念无法割舍。寒食节又到了。皓月西斜，巷陌空寂，秋千空垂，洁白的梨花在皎洁的月光里静默。

怨王孙·湖上风来波浩渺

湖上风来波浩渺，秋已暮、红稀香少。水光山色与人亲，说不尽、无穷好。

莲子已成荷叶老，清露洗、苹花汀[1]草。眠沙鸥鹭不回头，似也恨、人归早。

◇注释

[1] 汀（tīng）：水边平地。

◇译文

湖上清风徐来，波光浩渺，已是深秋，花草逐渐凋零。水光山色显得无比亲切，说不清这无尽的美好。

莲子已经成熟，荷叶却变得衰老，清晨的露水，洗涤着湖边的苹花汀草。睡在沙滩上的鸥鹭不回头，似乎在埋怨人们回去得太早。

一剪梅·红藕香残玉簟[1]秋

红藕香残玉簟秋。轻解罗裳[2]，独上兰舟。云中谁寄锦书[3]来，雁字回时，月满西楼。

花自飘零水自流。一种相思，两处闲愁。此情无计可消除，才下眉头，却上心头。

◇注释

[1] 玉簟（diàn）：光滑如玉般的竹席。

[2] 裳（cháng）：古代指下衣，也泛指衣服。

[3] 锦书：前秦时苏惠曾织锦作《璇玑图》，寄给丈夫窦滔，全文八百四十字，纵横反复，皆可诵读，文辞凄婉。

◇译文

荷花凋零，香气消失，如玉的竹席透出深深的凉意。轻轻解开罗绸外衣，独自登上兰舟。凝望远处的天空，谁会寄来锦书？正是大雁南归的时候，月光皎洁，洒满西楼。

　　落花飘荡，流水东去。一种相思，牵动两处闲愁。相思和离愁无法消除，眉间愁云刚舒，心中愁绪又起。

忆秦娥·咏桐

临高阁，乱^[1]山平野烟光薄。烟光薄，栖鸦归后，暮天闻角。

断香残酒情怀恶，西风催衬梧桐落。梧桐落，又还^[2]秋色，又还寂寞。

◇注释

　　[1] 乱：无序。

　　[2] 还（huán）：仍然。

◇译文

　　登上高高的阁楼，远处群山、旷野笼罩在淡淡的烟雾中。烟雾淡薄，乌鸦归巢后，夜空中传来阵阵号角声。

　　薰香即将燃尽，杯中酒所剩不多，这情景让人感到凄凉，萧瑟的秋风催促着梧桐叶快快离开枝头。满院梧桐飘落，一片凄凉秋色，让人倍感孤寂、落寞。

渔家傲·天接云涛连晓雾

天接云涛连晓雾，星河欲转千帆舞。仿佛梦魂归帝所。闻天语[1]，殷勤问我归何处。

我报路长嗟[2]日暮，学诗谩有[3]惊人句。九万里风鹏正举。风休住，蓬舟[4]吹取三山去。

◇注释

[1] 天语：天帝的话。

[2] 嗟：感慨。

[3] 谩有：空有。化用杜甫《江上值水如海势聊短述》中的"语不惊人死不休"之句。

[4] 蓬舟：像蓬蒿被风吹转的船。

◇译文

天边云雾蒙蒙与清晨的朝霞相连，银河摇晃，帆船随波舞动。好像梦魂又回到了天庭，天帝传来问候，问我将归何处。

我回答天帝，长路漫漫，感叹已是日暮，学习作诗，空有让人称道的好句。长空万里，大鹏展翅高飞。风啊，请不要停下来，吹动蓬舟送我到仙山上去吧。

渔家傲·雪里已知春信至

雪里已知春信至,寒梅点缀琼枝腻[1]。香脸半开娇旖旎[2]。当庭际,玉人[3]浴出新妆洗。

造化可能偏有意,故教明月玲珑地。共赏金尊沉绿蚁[4]。莫辞醉,此花不与群花比。

◇注释

[1] 腻:指雪后清瘦的梅枝变得粗大光洁。

[2] 旖旎:柔美貌。

[3] 玉人:美人,词中指梅花。

[4] 绿蚁:指酒。古代酿酒时酒上漂浮的碎屑如蚁。白居易《问刘十九》:"绿蚁新醅酒,红泥小火炉。"

◇译文

白雪覆盖着大地,雪中红梅送来了春的消息,如琼枝般的枝头有梅花点缀。

院中梅花欲开还羞，娇美可人，就像刚出浴换了新妆的美人。

　　老天可能也对梅花偏爱，故让月光皎洁。让我们在这美好的月夜品酒赏梅，不要推辞说自己不胜酒量，其他的花怎能同梅花相比。

孤雁儿·藤床纸帐朝眠起

世人作梅词，下笔便俗。予试作一篇，乃知前言不妄耳。

藤床纸帐朝眠起，说不尽、无佳思。沉香烟断玉炉寒，伴我情怀如水。
笛声三弄，梅心惊破，多少春情意。

小风疏雨潇潇地，又催下、千行泪。吹箫人去 [1] 玉楼空，肠断与谁同倚。
一枝折得，人间天上，没个人堪寄 [2]。

◇注释

[1] 吹箫人去：据《列仙传》记载："萧史者，秦穆公时人也，善吹箫，能致孔雀、
白鹤于庭。穆公有女字弄玉，好之。公遂以女妻焉。"后来萧史与弄玉共同升天成仙。
李清照用此典意在说明丈夫赵明诚已亡。

[2] 一枝折得，人间天上，没个人堪寄：化用陆凯《赠范晔》诗意，折梅相送，
丈夫已亡，故无人堪寄。

◇**译文**

清晨，从藤床纸帐中醒来，心中有说不出的伤感。沉香燃尽，香炉已冷，我的心绪如水般凄凉。《梅花三弄》的笛音惊破了枝头的梅花，这其中有多少春天的趣味。

风雨潇潇，我泪如雨下。夫君已逝，人去楼空，我肝肠寸断，还有谁能与我倚栏远眺。折下梅枝，寻遍天上人间，却无人可寄。

玉楼春·红酥肯放琼苞碎

红酥肯放琼苞碎，探著南枝开遍未？不知酝藉几多香，但见包藏无限意。

道人憔悴春窗底，闷损阑干愁不倚。要来小酌便来休[1]，未必明朝风不起。

◇**注释**

[1] 休：语气助词，呵的意思。

◇**译文**

娇嫩的红梅花苞如玉般绽放，探头看着向阳的花枝是否都已开放？不知道这花中蕴藉着多少香气，却可看到每朵花儿都包含着无限深情和春意。

学道之人在窗前独坐，满脸憔悴，不要独自倚靠栏杆，愁闷将无法排遣。如果想要过来赏花饮酒，就过来吧，谁知道明天会不会起风。

永遇乐·落日熔金

　　落日熔金，暮云合璧，人在何处。染柳烟浓，吹梅笛怨，春意知几许。元宵佳节，融和天气，次第岂无风雨。来相召、香车宝马，谢他酒朋诗侣。

　　中州[1]盛日，闺门多暇，记得偏重三五。铺翠冠儿，撚金雪柳[2]，簇带争济楚。如今憔悴，风鬟霜鬓，怕见夜间出去。不如向、帘儿底下，听人笑语。

◇注释

　　[1] 中州：中原，词中指北宋都城汴京。

　　[2] 雪柳：以素绢和银纸做成的头饰。

◇译文

　　落日余晖如熔化的金子般闪亮，傍晚的云彩聚集着如同一块碧玉，如今人在何处。烟雾渐浓，染黄了柳枝，《梅花落》的笛曲哀怨伤感，谁知道春意有几分。元宵佳节，天气融和，难道转眼间不会有风雨骤降。有人邀请我参加宴会，香车宝马来迎接我，我也无心去。

记起在汴京那段热闹的日子，闺中友人多有闲暇，特别是正月十五最难忘怀。头上戴着装饰了翠羽的帽子，还有用金线缝制的雪柳，打扮得整齐漂亮。如今憔悴不堪，头发散乱也无心梳理，晚间懒得出门看灯。不如守在帘儿底下，听听外面人家的欢声笑语。

醉花阴·重阳

薄雾浓云愁永昼，瑞脑销金兽[1]。佳节又重阳，玉枕纱厨，半夜凉初透。
东篱把酒黄昏后，有暗香盈袖。莫道不消魂，帘卷西风，人比黄花瘦。

◇注释

　[1] 金兽：兽形铜制香炉。

◇译文

　薄雾浓云，心中满是忧愁，香炉中的薰香余烟袅袅。又到了重阳佳节，
躺在纱帐中，枕着玉枕，夜里凉气已浸透全身。

　在东篱边饮酒赏菊直到黄昏，菊花的香气溢满双袖。不要说不伤神，萧
瑟的秋风吹动珠帘，帘内的人儿比黄花还消瘦。

鹧鸪天·桂

暗淡轻黄体性柔，情疏[1]迹远只香留。何须浅碧轻红色，自是花中第一流。
梅定妒，菊应羞，画阑开处冠中秋。骚人[2]可煞无情思，何事当年不见收？

◇注释

　　[1] 情疏：性情疏放，指隐士。

　　[2] 骚人：指屈原。

◇译文

　　桂花颜色浅黄，香气清幽，性情柔顺。远离尘世喧嚣，只有香气存留。不与轻红浅绿争高下，本是花中第一流。

　　任凭梅花嫉妒，菊花羞愧。中秋时节的花园中，谁又能与之争冠。屈原可真是无情义，在《离骚》中写了那么多名花香草，却唯独不写桂花。

鹧鸪天·寒日萧萧上琐窗

寒日萧萧上琐窗。梧桐应恨夜来霜。酒阑更喜团茶[1]苦，梦断偏宜瑞脑香。

秋已尽，日犹长。仲宣[2]怀远更凄凉。不如随分[3]尊前醉，莫负东篱[4]菊蕊黄。

◇注释

　　[1]团茶：指团状茶饼，饮用时需要碾碎。宋代有龙团、凤团、小龙团等比较名贵的品种。

　　[2]仲宣：王粲，字仲宣，汉末文学家，"建安七子"之一。曾避难荆州，登江陵城楼，怀念故乡，作《登楼赋》，有"虽信美而非吾土兮，曾何足以少留"，抒写怀乡之情。

　　[3]随分：随意。

　　[4]东篱：指种植菊花的地方。陶渊明在《饮酒·其五》中有"采菊东篱下，悠然见南山"之句。

◇译文

暮秋，阳光惨淡，照在雕花的窗户上。梧桐也应该怨恨昨夜的寒霜。酒后更加喜欢团茶的苦味，梦醒后更适合闻那瑞脑的香味。

秋天即将过去，白天的时间依旧漫长。比起王粲的怀乡之情，我更觉凄凉。不如尽情醉一回，不要辜负了盛开的菊花。

转调满庭芳·芳草池塘

芳草池塘，绿阴庭院，晚晴寒透窗纱。玉钩[1]金锁，管是客来吵[2]。寂寞尊前席上，惟愁海角天涯。能留否？酴醾[3]落尽，犹赖有梨花。

当年曾胜赏，生香薰袖，活火分茶。极目犹龙娇马，流水轻车。不怕风狂雨骤，恰才称、煮酒残花[4]。如今也，不成怀抱，得似旧时那？

◇注释

[1] 玉钩：指新月。

[2] 吵（shā）：语气词，意思相当于"啊"。

[3] 酴醾：原指酒，词中指花。

[4] 残花：比喻好的辞章。

◇译文

池塘边春草已生，庭院里已有绿荫，傍晚的阳光透过窗纱带着些许寒意。一弯新月挂在天空，门上的金锁响起，应该是有人来了。可是座上寂寞，杯中无酒，只愁远在天涯海角。能留住什么？酴醿落尽，幸好有梨花盛开。

　　想当年，曾与你同游胜景，取流动之水分茶，满袖清香。走在街上，望向远处，繁华的都市中车水马龙。不管外面狂风骤雨，依然才思涌动，煮酒赋诗。如今已物是人非，不敢想起旧时光。

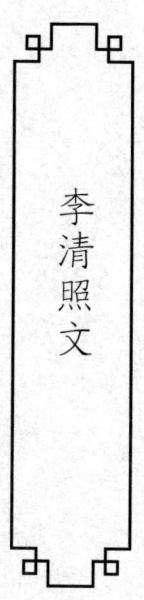

李清照文

词论

　　乐府声诗并著，最盛于唐。开元、天宝间，有李八郎[1]者，能歌擅天下。时新及第进士开宴曲江，榜中一名士先召李，使易服，隐姓名，衣冠故敝，精神惨沮，与同之宴所，曰："表弟愿与坐末。"众皆不顾。既酒行，乐作，歌者进，时曹元谦、念奴为冠。歌罢，众皆咨嗟称赏。名士忽指李曰："请表弟歌。"众皆哂，或有怒者。及转喉发声，歌一曲，众皆泣下。罗拜曰："此李八郎也。"自后郑、卫之声[2]日炽，流靡之变日烦，已有《菩萨蛮》《春光好》《莎鸡子》《更漏子》《浣溪沙》《梦江南》《渔父》等词，不可遍举。

　　五代干戈，四海瓜分豆剖，斯文道熄。独江南李氏君臣尚文雅，故有"小楼吹彻玉笙寒""吹皱一池春水"之词。语虽奇甚，所谓"亡国之音哀以思"者也。

　　逮至本朝，礼乐文武大备，又涵养百余年，始有柳屯田永者，变旧声作新声，出《乐章集》，大得声称于世。虽协音律，而词语尘下。又有张子野、宋子京兄弟、沈唐、元绛、晁次膺辈继出，虽时时有妙语，而破碎何足名家。至晏元献、欧阳永叔、苏子瞻，学际天人，作为小歌词，直如酌蠡水于大海，然皆句读不葺之诗尔，又往往不协音律者。何耶？盖诗文分平侧，而歌词分五音[3]，又分五声[4]，又分六律[5]，又分清浊轻重。且如近世所谓《声声慢》《雨中花》《喜迁莺》，既押平声韵，又押入声韵；《玉楼春》本押平声韵，又押上、去声，又押入声。本押仄声韵，如押上声则协；如押入声，则不可歌矣。王介甫、曾子固，文章似西汉，若作一小歌词，则人必绝倒，不可读也。

乃知词别是一家，知之者少。后晏叔原、贺方回、秦少游、黄鲁直出，始能知之。又晏苦无铺叙；贺苦少典重；秦即专主情致，而少故实，譬如贫家美女，虽极妍丽丰逸，而终乏富贵态；黄即尚故实，而多疵病，譬如良玉有瑕，价自减半矣。

◇注释

[1] 李八郎：唐代歌者李衮。

[2] 郑、卫之声：春秋时期郑国、卫国的音乐，这里指靡靡之音。

[3] 五音：宫、商、角、徵、羽，或指唇、齿、喉、舌、鼻所发之音。

[4] 五声：指阴平、阳平、上声、去声、入声。

[5] 六律：指代音乐中的十二律。

◇译文

古乐府歌与诗并列发展的繁荣时期是在唐朝。唐朝开元、天宝时期，有一位叫李八郎的歌者，因善于唱歌而闻名天下。当时，刚及第的进士们在曲江开宴席，其中一位及第名士，先找到李八郎，叫他换上旧衣服，戴上旧帽子，隐瞒自己的真实姓名，并装作神情沮丧的样子，同自己一起参加宴席，并对众人说："这是我的表弟，让他坐末席吧。"参加宴会的众人都不关注他。众人一边喝酒一边听歌，许多歌者轮流唱歌，当时曹元谦、念奴二人唱得最好。唱完之后，众人对二人的歌声赞赏不已。这时，名士忽然指着李八郎对大家说："请让我表弟来为大家演唱吧。"众人讥笑，甚至还有人为此发怒。等到李八郎一曲歌罢，众人不禁都哭了起来。纷纷拜伏，说："你肯定就是李八郎啊。"此后，郑地和卫地的音乐更加流行，这些流行的靡靡之音不断演变，也更加烦琐。当时已经有《菩萨蛮》《春光好》《莎鸡子》《更漏子》《浣溪沙》《梦江南》《渔父》等曲调，不能一一列举。

五代时，战乱不断，国家四分五裂，文学创作日益衰落。这时只有南唐李璟、李煜父子以及冯延巳等人还有格调高雅的作品，因此有"小楼吹彻玉笙寒""吹皱一池春水"这样的词作问世。语句虽然清奇优美，但毕竟亡国之音充满悲哀与愁思。

到了宋朝，礼仪、声乐、文章、武功都已具备。又休养生息了百余年，才有柳永改变乐府旧声，创作出新的词作，于是有《乐章集》问世，也得到了宋词大家的美誉。柳永的词虽然与音律协拍，但词句却趣味低下。又有张先、宋祁兄弟以及沈唐、元绛、晁次膺等人辈出，虽然时时有妙语传世，但整篇却没有精妙的构思，哪里称得上名家！到了晏殊、欧阳修、苏轼这些人，他们学识渊博，填些小歌词，应该就像从大海里取一瓢水一样容易，但全都是句子长短不齐的诗罢了。作为词又往往不协音律，这是为什么呢？因为诗和文章只分平仄，但词却要分五音、五声，又分六律，还要分发音的清、浊、轻、重。比如当世所谓的《声声慢》《雨中花》《喜迁莺》，既押平声韵，又押仄声韵；《玉楼春》原本押平声韵，有押去声，又押入声。本来是押仄声韵，如果押上声韵则与音律协调；如果押入声韵，就不能作为歌来唱了。王安石、曾巩他们的文章有西汉时的风格，如果他们作词，恐怕会让人笑倒，因为这样的词无法读。

于是可知，词自成一家，但知道的人却很少。直到晏几道、贺铸、秦观、黄庭坚作词，才知其中奥妙。但是晏几道的词短于铺陈叙述；贺铸的词风格上缺乏典雅庄重；秦观的词致力于婉约、情韵，却少了实际的东西，就像贫穷人家的女儿，虽然容貌美丽，神态娴静，但却始终缺乏那种与生俱来的富贵姿态；黄庭坚的词虽然内容充实，却有不少小毛病，就像美玉有瑕，价值上自然要大打折扣。

打马赋

岁令云徂^[1]，卢或可呼^[2]。千金一掷，百万十都。樽俎具陈，已行揖让之礼；主宾既醉，不有博弈者乎！打马爰兴，樗蒲^[3]遂废。实博弈之上流，乃闺房之雅戏。齐驱骥騄，疑穆王万里之行；间列玄黄，类杨氏五家之队。珊珊佩响，方惊玉蹬之敲；落落星罗，急见连钱^[4]之碎。若乃吴江枫冷，胡山叶飞，玉门关闭，沙苑草肥，临波不渡，似惜障泥。或出入用奇，有类昆阳之战^[5]；或优游仗义，正如涿鹿之师。或闻望久高，脱复庾郎之失^[6]；或声名素昧，便同痴叔之奇^[7]。亦有缓缓而归，昂昂而立。鸟道惊驰，蚁封安步。崎岖峻坂，未遇王良；踢促盐车^[8]，难逢造父^[9]。且夫丘陵云远，白云在天，心存恋豆，志在著鞭。止蹄黄叶，何异金钱。用五十六采之间，行九十一路之内。明以赏罚，核其殿最。运指麾于方寸之中，决胜负于几微之外。且好胜者，人之常情；游艺者，士之末技。说梅止渴，稍苏^[10]奔竞之心；画饼充饥，少谢^[11]腾骧之志。将图实效，故临难而不回；欲报厚恩，故知机而先退。或衔枚^[12]缓进，已逾关塞之艰；或贾勇争先，莫悟阱堑之坠。皆因不知止足，自贻尤悔。当知范我之驰驱，勿忘君子之箴佩。况为之不已，事实见于正经；用之以诚，义必合于天德。故绕床大叫，五木皆卢；沥酒一呼，六子尽赤。平生不负，遂成剑阁之师；别墅未输，已破淮淝之贼。今日岂无元子，明时不乏安石。又何必陶长沙[13]博局之投，正当袁彦道[14]布帽之掷也。辞曰：佛狸[15]定见卯年死，贵贱纷纷尚流徙，满眼骅骝杂骡驴，时危安得真致此？木兰横戈好女子，老矣谁能志千里，但愿相将过淮水。

◇注释

[1] 徂（cú）：逝。

[2] 卢或可呼：古代掷骰子时，五子全黑为卢，是头彩，故掷时大声呼喊，称为"呼卢"。

[3] 樗蒲（chū pú）：一种掷色子的游戏。

[4] 连钱：即连钱骢，为古代良马。

[5] 昆阳之战：指刘秀以三千精兵在昆阳大败王莽主力的战役，是历史上著名的以少胜多的战役。

[6] 庾郎之失：庾郎，指庾翼。庾翼骑术精湛，却在为岳母表演时掉下马。

[7] 痴叔之奇：痴叔，指晋时王湛，宗族皆以为痴，其侄王济发现他不仅骑术非凡，还对《易经》有精妙的见解。当晋武帝戏问王济"卿家痴叔死未？"时，王济回答"臣叔不痴"，并认为"其才在山涛以下，魏舒以上"，于是王湛显名，时称"大奇"。

[8] 踠促盐车：指千里马拉盐车的故事。

[9] 造父：驾车技术高超，曾为周穆王驾车。

[10] 苏：苏醒。

[11] 谢：消解。

◇译文

时光流逝，也曾在赌桌前大声"呼卢"。那时一掷千金，下注百万。宴席上准备好了丰富的佳肴酒酿，已行过谦让之礼；主宾既已酒足饭饱，怎能不玩玩博弈之类的游戏！如今打马的游戏已经开始流行，逐渐取代了樗蒲游戏。打马是博弈游戏中的高端游戏，是女子间的高雅游戏。下棋就像周穆王乘八匹骏马去西王母处做客，日行万里；棋子玄黄间列，就像杨氏姊妹五人的扈从，每家为一队，各穿不同颜色的衣服。佩环相击发出"珊珊"声响，如同上马时玉蹬发出的声音；马队像天上之星稀疏散落，急切间看到好马更是分散。行马受挫如吴江枫叶飘落，如胡山树叶飘零，过关不易，当退居玉门关内，屯兵不发以待战机。棋子受阻，举棋不定。困境中应当采取灵活的战术，出奇制胜，有时要像昆阳之战中的刘秀那样以弱胜强，有时又要像涿鹿之战中的黄帝那样从容不迫。即使名望再高，也不要像庚翼那样失误，应像王湛那样从不为人知到声名大显。"马"在无路可走时，可以慢慢退回来；"马"在时机有利时，应当昂昂而出，勇往直前。有时鸟道奔驰，有时履险如夷。善弈者，与王良、造父一样重要，如果没有他们，即使有良马，也难在崎岖

149

陡峭的道路上前行。何况局势如同天上变幻无常的云，重要的是不能只顾眼前利益，要志在全局，挥鞭前行。对于"打马"这一博戏来说，把对方的马打下去，即可赢得赏钱。下棋如同实战，最重要的是考核政绩，赏罚分明，只有这样才能指挥若定，稳操胜券。下棋时争强好胜乃人之常情；但打马弈棋毕竟是末流小技。就像"说梅止渴"和"画饼充饥"一样，不过是对"奔竞之心"和"腾骧之志"的慰藉。为了"图实效"，明知难以达到目的，也不改变；为了报答让"子"之恩，明明有了有利时机，却先行退让了。在向敌人进攻时，应该衔枚不语，以迂回的方式接近对方，才能顺利过关；假如自恃勇气以争先，便有可能陷入对方设置的陷阱和壕沟。这都是因为不知道适可而止，咎由自取。应当了解我驰驱之法，也勿忘君子之风度。下棋要果断，不可犹豫不决，就像用人不疑一样，用心赤诚，方能合天德遂人愿，对方也不会辜负你的信任。刘毅打马获胜绕床欢呼，刘信为人所猜忌，醉后一掷遍赤。桓温伐蜀，不负平生，遂成剑阁之师；大军压境，谢安对弈，已破淮淝之贼。今日不会没有像桓温一样的人，以后也不乏谢安一样的人。何必像陶侃一样未战先衰，应当像袁耽一样有脱帽一掷的勇气。总之：像拓跋焘这样的金人不久就会败亡，人们还在纷纷逃难，到处都是良马，如何能分辨得出时局危难？木兰横戈，老骥伏枥，其志都在千里之外的战场，但愿能跟随他们渡过淮河，回到家乡。

《金石录》后序

　　右《金石录》三十卷者何？赵侯德甫[1] 所著书也。取上自三代，下迄五季[2]，钟、鼎、甗[3]、鬲、盘、匜[4]、尊、敦之款识[5]，丰碑大碣、显人晦士之事迹，凡见于金石刻者二千卷。皆是正讹谬，去取褒贬，上足以合圣人之道，下足以订史氏之失者，皆具载之，可谓多矣。呜呼！自王播[6]、元载[7] 之祸，书画与胡椒无异；长舆、元凯[8] 之病，钱癖与《传》癖何殊。名虽不同，其惑一也。

　　余建中辛巳始归[9] 赵氏，时先君[10] 作礼部员外郎，丞相时作吏部侍郎，侯年二十一，在太学作学生。赵、李族寒，素贫俭。每朔望谒告出，质衣取半千钱，步入相国寺，市碑文果实归，相对展玩咀嚼，自谓葛天氏之民也。后二年，出仕宦，便有饭蔬衣练，穷遐方绝域[11]，尽天下古文奇字之志，日就月将，渐益堆积。丞相居政府，亲旧或在馆阁，多有亡诗、逸史、鲁壁、汲冢所未见之书。遂尽力传写，浸觉有味，不能自已。后或见古今名人书画，三代奇器，亦复脱衣市易。尝记崇宁间，有人持徐熙《牡丹图》，求钱二十万。当时虽贵家子弟，求二十万钱岂易得耶？留信宿，计无所出而还之。夫妇相向惋怅者数日。

　　后屏居乡里十年，仰取俯拾，衣食有余。连守两郡，竭其俸入以事铅椠，每获一书，即同共勘校，整集签题。得书、画、彝、鼎，亦摩玩舒卷，指摘疵病，夜尽一烛为率[12]。故能纸札精致，字画完整，冠诸收书家。余性偶强记，每饭罢，坐归来堂烹茶，指堆积书史，言某事在某书某卷第几叶第几行，以中否角胜负，为饮茶先后。中即举杯大笑，至茶倾覆怀中，反不得饮而起。甘心老是乡矣。故虽处忧患困穷，而志不屈。收书既成，归来堂起书库大橱，簿甲乙，置书册。如要讲读，即请钥上簿，关出卷帙。或少损污，必惩责揩完涂改，不复向时之坦夷也。是欲求适意而反取憀栗。余性不耐，始谋食去重肉，衣去重采，首无明珠翡翠之饰，室无涂金刺绣之具。遇书史百家，字不刓缺，本不讹谬者，辄市之，储作副本。自来家传《周易》《左氏传》，故两家者流，文字最备。于是几案罗列，枕席枕藉，意会心谋，目往神授，乐在声色狗马之上。

至靖康丙午岁，侯守淄川，闻金人犯京师，四顾茫然，盈箱溢箧，且恋恋，且怅怅，知其必不为己物矣。建炎丁未春三月，奔太夫人丧南来。既长物不能尽载，乃先去书之重大印本者，又去画之多幅者，又去古器之无款识者。后又去书之监本者，画之平常者，器之重大者。凡屡减去，尚载书十五车。至东海，连舻渡淮，又渡江，至建康。青州故第，尚锁书册什物，用屋十余间，期明年春再具舟载之。十二月，金人陷青州，凡所谓十余屋者，已化为煨烬矣。

建炎戊申秋九月，侯起复，知建康府。己酉春三月罢，具舟上芜湖，入姑孰，将卜居赣水上。夏五月，至池阳，被旨知湖州，过阙上殿。遂驻家池阳，独赴召。六月十三日，始负担舍舟，坐岸上，葛衣岸巾，精神如虎，目烂烂，光射人[13]，望舟中告别。余意甚恶，呼曰："如传闻城中缓急奈何？"戟手遥应曰："从众。必不得已，先弃辎重，次衣被，次书册卷轴，次古器。独所谓宗器者，可自抱负，与身俱存亡，勿忘失也。"遂驰马去。途中奔驰，冒大暑，感疾。至行在，病疟。

七月末，书报卧病。余惊怛，念侯性素急，奈何病痁[14]，或热，必服寒药，疾可忧。遂解舟下，一日夜行三百里。比至，果大服柴胡、黄芩药，疟且痢，病危在膏肓。余悲泣，仓皇不忍问后事。八月十八日遂不起，取笔作诗，绝笔而终，殊无分香卖履之意。

葬毕，顾四维，无所之。朝廷已分遣六宫，又传江当禁渡。时犹有书二万卷，金石刻二千卷，器皿茵褥可待百客，他长物称是。余又大病，仅存喘息，事势日迫。念侯有妹婿任兵部侍郎，从卫在洪州，遂遣二故吏先部送行李往投之。冬十二月，金人陷洪州，遂尽委弃。所谓连舻渡江之书，又散为云烟矣。独余少轻小卷轴、书帖，写本李、杜、韩、柳集，《世说》、《盐铁论》、汉唐石刻副本数十轴，三代鼎鼐十数事，南唐写本书数箧，偶病中把玩，搬在卧内者，岿然独存。

上江既不可往，又虏势叵测，有弟远任勑局删定官，遂往依之。到台，台守已遁。之剡[15]，出陆，又弃衣被，走黄岩，雇舟入海，奔行朝，时驻跸章安。从御舟海道之温，又之越。庚戌十二月，放散百官，遂之衢。绍兴辛亥春三月，复赴越。壬子，又赴杭。先侯疾亟时，有张飞卿学士，携玉壶过视侯，便携去，其实珉也。不知何人传道，遂妄言有颁金之语，或传亦有密论列者，余大惶怖，不敢言，亦不敢遂已，尽将家中所有铜器等物，欲赴外庭投进。到越，已移幸四明。不敢留家中，并写本书寄剡。后官军收叛卒，悉取去，闻尽入故李将军家。所谓岿然独存者，无虑十去五六矣。惟有书画砚墨，可五七簏[16]，更不忍置他所，常在卧榻下，手自开阖。在会稽，卜居土民钟氏舍，忽一夕，穴壁负五簏去矣。余悲恸不已，重立赏收赎。后二日，邻人钟复皓出十八轴求赏，故知其盗不远矣。万计求之，其余遂牢不可出。今知尽为吴说运使贱价得之。

153

所谓岿然独存者，乃十去其七八。所有一二残零不成部帙书册，三数种手书帖，犹复爱惜如护头目，何愚也耶！

今日忽阅此书，如见故人。因忆侯在东莱静治堂，装幁初就，芸签缥带，束十卷作一帙。每日晚，吏散，辄校勘二卷，跋题一卷。此二千卷，有题跋者五百二卷耳。今手泽如新，而墓木已拱，悲夫！昔萧绎江陵陷没，不惜国亡而毁裂书画；杨广江都倾覆，不悲身死而复取图书。岂人性之所著，死生不能忘欤？或者天意以余菲薄，不足以享此尤物耶？抑亦死者有知，犹斤斤爱惜，不肯留在人间耶？何得之艰而失之易也！

呜呼！余自少陆机作赋之二年，至过蘧瑗[17]知非之两岁，三十四年之间，忧患得失，何其多也！然有有必有无，有聚必有散，乃理之常；人亡弓，人得之，又胡足道。所以区区记其终始者，亦欲为后世好古博雅者之戒云。

绍兴五年玄黓岁壮月朔甲寅日，易安室题。

◇**注释**

[1] 德甫：赵明诚字德甫，又作德父、德夫。

[2] 五季：指五代后梁、后唐、后晋、后汉、后周。

[3] 甗（yǎn）：陶制炊具。

[4] 匜（yí）：青铜制盛水器。

[5] 敦（duì）：青铜制食器。款识（zhì）：指古代钟鼎彝器上所刻的文字。

[6] 王播：李清照笔误，当为王涯，字广津，酷爱收藏。

[7] 元载：唐代宗时的宰相，为官贪横。死后被抄家，胡椒就有八百石。

[8] 长舆、元凯：分别是和峤和杜预的字。《晋书·杜预传》有："预常称（王）济有马癖，（和）峤有钱癖。武帝闻之，谓预曰：'卿有何癖？'对曰：'臣有《左传》癖。'"

[9] 归：嫁。

[10] 先君：指李清照的父亲李格非。旧时称过世的父亲为先君、先父。

[11] 遐方绝域：偏远荒僻之地。

[12] 率（lù）：限度。

[13] 目烂烂，光射人：形容目光有神采。《世说新语·容止》有："裴令公目王安丰：目烂烂如岩下电。"

[14] 痁（shān）：疟疾。

[15] 剡（shàn）：在今浙江省嵊县西南。

[16] 麓（lù）：竹箱。

[17] 蘧（qú）瑗：字伯玉，春秋时卫国大夫。

◇译文

三十多卷的《金石录》是谁的著作？是我的丈夫郡侯赵德甫所著。内容上至夏、商、周，下至后梁、后唐、后晋、后汉、后周，凡是铸刻在钟、鼎、甗、鬲、盘、匜、尊、敦上的铭记、标识，以及刻在丰碑、大碣上的名人和隐士的事迹，刻在这些金石之上的文字共整理了二千卷。并且全都校勘谬误，进行筛选和品评，既符合圣人的道德标准，也能够帮助史官修订失误，都有记载，可谓内容丰富。呜呼！自从唐代王播（应是王涯，李清照记录错误）和元载因贪婪受贿而遭遇杀身之祸以后，书画和胡椒都是他们招致杀身之祸的原因；而和峤、杜预所患的"病"，一个是贪财、一个是嗜好《左传》，实质上并没有什么区别。虽然听起来不同，但痴迷其中是一样的。

我在徽宗建中靖国元年嫁给赵明诚，当时先父是礼部员外郎，公公是礼部侍郎，丈夫明诚年方二十一岁，正在太学做学生。赵、李两家本是寒族，一向清贫俭朴。每月初一、十五，明诚都会请假外出，把衣服押在当铺，取五百铜钱，到大相国寺去购买碑文和果子，回到家中，我们就会面对面地坐着，一边展玩碑文，一边吃着果子，自认为我们很像远古时代葛天氏的臣民那样自由和快乐。两年后，明诚出仕做官，便立下即使节衣缩食，也要遍寻天下的古文奇字，并将这些全部搜集起来的愿望，日积月累，资料越积越多。丞相在朝廷工作，亲戚故旧中也有人在秘书省工作的，常常有《诗经》以外的佚诗、正史以外的逸史，以及鲁国孔子旧壁中的古文经传和汲郡魏安厘王墓中发掘出来的竹简文字。于是尽力抄写，慢慢觉得趣味无穷，以至停不下来。后来偶尔看到古今名人的书画和夏、商、周三代的奇器，也还是会把衣服当了把它们买下来。记得崇宁年间，有人拿了一幅南唐徐熙的《牡丹图》，要价二十万钱。当时就是贵家子弟，要筹备二十万钱，也不容易啊！我们把它留了两夜，最终还是因为筹不到钱而还给了他。我们夫妇为此惋惜怅惘了好几天。

后来我们回到故乡闲居了十年，仰有所取，俯有所入，生活有了富余。明诚又接连做了莱州和淄州的太守，把他的全部俸禄都拿出来以刻印古籍，每获得一本，我们就一起校勘，整理成集并题上书名。得到书画和彝、鼎等古代青铜器，也摩挲把玩或展开来欣赏，指出上面的毛病，每晚以燃尽一支蜡烛为限。因此所收藏的古籍，都能做到纸札精致，字画完整，超过许多收藏家。我天性记忆超群，每次吃完饭，和明诚一起坐在归来堂上烹茶，指着堆积如山的书史，说某一事记录在某书某卷第几页第几行，以猜中与否决定胜负，来决定谁先饮茶。猜中了，便举杯大笑，以至把茶洒在怀中，起来时反而喝不到茶。在这样的环境中过一辈子也心甘情愿啊。所以我们虽生活在忧患贫穷之中，而心中的志向从没有改变过。收书的任务既已完成，就在归来堂中建起书库，把书橱按照甲乙丙丁的顺序编上号码，中间放上书籍。如果需要讲读，就申请钥匙打开书橱，并在簿子上登记，然后取出所要的书籍。我有时稍微把书籍损坏或弄脏，他必定要严肃批评，并责令揩完涂改，不再像过去那样平易和蔼了。收藏书籍本为寻求适意，如今反而闹得不愉快。我实在忍耐不住，就想办法节衣缩食，头上不戴明珠翡翠的首饰，室内不摆放镀金刺绣的家具。遇到史书和诸子百家的书籍，只要不缺字漏字、版本不假的，就立刻买下，储存起来作为副本。家传的《周易》和《左传》，原来有两个版本，文字也最为完备。于是把它们罗列在几案上，放在枕席间，我们意会心谋，目往神授，这种乐趣远远超过声色犬马的娱乐。

到了钦宗靖康元年，明诚做了淄州知州，听说金军要进犯京师汴梁，一时间四顾茫然，不知所措，满箱满笼的书籍，既恋恋不舍，又怅惘不已，知道这些东西必将不为己有了。高宗建炎元年三月间，婆婆太夫人郭氏死于建康，明诚奔丧南下。物品不能全带走，就先把书籍中重而且大的印本去掉，又把藏画中重复的去掉，再把古器中没有款识的去掉。后来又舍弃书籍中的国子监刻本、画卷中的平常之作以及古器中又重又大的器物。经过多次删减，最终还是装了十五车。到东海，雇了好几艘船渡过淮河、长江，才到达建康。

而青州故居，还锁着书册什物，占用了十多间屋子，希望第二年春天再备船把它们运走。到了十二月，金兵攻下了青州，这十几屋的书籍器物，全都化为了灰烬。

高宗建炎二年秋九月，明诚被任命为建康府知府。三年春三月被罢官，乘船去芜湖，到了当涂，准备在赣江找个住处。夏五月，到了贵池，被任命为湖州知州，需要上殿朝见。于是我们把家暂时安置在贵池，他一人奉旨入朝。六月十三日，开始挑上行李，舍舟登岸，他身着夏布衣服，戴着露额的头巾，目光明亮，精神如虎，望着船上告别。我情绪低落，大声呼喊："如果听说城里形势紧急，怎么办？"他竖起食指和中指，远远地回答道："跟着众人吧。若是到了万不得已，就先丢掉包裹，再丢掉衣服被褥，再丢掉书册卷轴，再丢掉古器，只是那些宗庙祭器的礼乐之器不可丢弃，即使抱着背着，也要与之共存亡，别忘了！"说罢骑马而去。冒着酷暑，一路奔驰，感染恶疾，到达建康，已患了疟疾。七月底，收到书信，说是卧病在床。我又惊又怕，挂念着明诚，明诚向来性子很急，但又无可奈何，患了疟疾，有时会发烧，一定会服凉药，病就更令人担忧了。于是我乘船而下，日夜兼行赶了三百里路。赶到以后，发现他果然服用了大量的柴胡、黄芩等凉性药物，疟疾加上痢疾，已是病入膏肓、危在旦夕。我禁不住悲伤哭泣，仓皇间不忍心问及后事。八月十八日，便不能再起来，取笔作诗，绝笔而终，此外便没有任何"分香卖履"之类的遗嘱。

安葬之后，我茫然无绪不知要到什么地方去。皇上也已把后宫的嫔妃分遣出去，又有传闻说长江就要禁渡。当时家里还有书二万卷，金石刻二千卷，器皿、被褥，可供百人用，其他物品，数量也与此相当。这时我又生了一场大病，仅存喘息，情势越来越急迫。想到明诚有个做兵部侍郎的妹婿，此刻在洪州做护卫，于是派了两个老管家，先将行李分批送到他那边。到了冬十二月，金人又攻下了洪州，于是这些东西也全部丢失。那些被连舻运过长江的书籍，也像云烟一般消失了。只剩下少数分量轻、体积小的卷轴书帖，以及李白、杜甫、韩愈、柳宗元的诗文集写本，《世说新语》、《盐铁论》、汉唐石刻副本数十轴，三代鼎鼐十几件，南唐写本几箱，病中偶尔欣赏把玩，把它们搬到卧室之内，这些可谓岿然独存的了。

长江上游不能去，加之金兵的动态不可预测，有个在朝任勅局删定官的弟弟叫李远，我便决定前去投靠他。到台州的时候，台州太守已经逃走。到达剡县，从陆路出发，又丢掉衣被，匆忙赶往黄岩，又雇船入海，跟随出行中的朝廷。这时皇帝正驻扎在台州的章安镇。于是我跟随御舟从海道前往温州，又到越州。建炎四年十二月，皇上又下令将官吏分散出去，我于是又到了衢州。绍兴元年春三月，又到越州，二年，又到杭州。先夫病重时，有学士张飞卿，带着玉壶来看望他，随即又带走，其实那是用一块形状似玉的美石雕成的。不知何人谣传，传言中便有"颁赐金人"之语，还传说有人暗中上表，要进行检举和弹劾，我非常惶惧担忧，不敢说话，也不敢就此了之，把家里所有的青铜器等古物全部拿出，打算进献给掌管国家符宝的外廷。我赶到越州的时候，皇上已移驾到四明，我不敢把这些器物留在家中，就把写本书籍一起寄放在剡县。后来官兵搜捕叛逃的士兵时把它们拿走，听说全部收到前李将军家中。所谓"岿然独存"的东西，无疑又少了十分之五六了。唯有书画砚墨，还剩下五六筐，再也舍不得放在其他地方，常常藏在床榻下，亲手保管。在会稽时，我住在当地居民钟氏家里，一天夜里，忽然有人挖开墙壁偷了五筐去。

我伤心至极，决心用重金悬赏收赎回来。过了两天，邻人钟复皓拿了十八轴书画来求赏，因此知道那盗贼离我不远。我虽千方百计求他，但其余的东西再也不肯拿出来。如今才知道是被福建转运使吴说低价买去了。所谓"岿然独存"的东西，这时已经少了十分之七八。剩下十之一二残缺零碎，有的不成部帙的书册，三五种平常的书帖，我还是像保护头脑和眼睛一样爱惜它们，多么愚蠢呀！

今天忽然翻阅这本《金石录》，好像见到了逝去的亲人。因此又想起明诚在莱州静治堂上，刚刚把它装订成册，并配以芸签、缥带，每十卷作一帙。每天晚上属吏散去，他就校勘两卷，题跋一卷，这二千卷中，有题跋的就有五百零二卷啊。如今他的手迹还像新的一样，可墓前的树木已能两手合抱了。真是悲伤啊！以前，都城江陵陷落的时候，梁元帝萧绎不为国家的灭亡痛惜，而去焚毁十四万卷图书。隋炀帝杨广在江都覆灭时，不悲身死，而是在死后也要把唐人带走的书籍重新夺回来。难道人性所执着的东西，能够逾越生死而念念不忘吗？或者上天认为我天资菲薄，不足以享有这些珍奇的器物吗？抑或是明诚死而有知，对这些东西恋恋不舍，不肯将它们留在人间吗？为什么得到如此艰难而失去又是如此容易啊！

唉！陆机二十岁作《文赋》，我十八岁的时候便嫁到赵家，如今已经五十二岁了，在嫁到赵家的这三十四年里，忧患得失，何其多啊！然而有有必有无，有聚必有散，这是人间常理；有人丢了弓，就有人得到弓，有什么值得计较的呢。所以，我便记述了这本书的始末，想为后世好古博雅之士留下一点借鉴。

绍兴五年，太岁在壬，八月初一甲寅，易安室题。

投内翰綦公崇礼 [1] 启 [2]

清照启：素习义方，粗明诗礼。近因疾病，欲至膏肓，牛蚁不分 [3]，灰钉已具 [4]。尝药虽存弱弟，应门惟有老兵。既尔苍皇，因成造次 [5]。信彼如簧之说 [6]，惑兹似锦之言。弟既可欺，持官文书 [7] 来辄信；身几欲死，非玉镜架亦安知？俛俛 [8] 难言，优柔莫诀，呻吟未定，强以同归。视听才分，实难共处，忍以桑榆 [9] 之晚景，配兹驵侩 [10] 之下才。身既怀臭之可嫌，惟求脱去；彼素抱璧之将往，决欲杀之。遂肆侵凌，日加殴击，可念刘伶之肋 [11]，难胜石勒之拳 [12]。局天扣地 [13]，敢效谈娘 [14] 之善诉；升堂入室，素非李赤 [15] 之甘心。外援难求，自陈何害，岂期末事，乃得上闻。取自宸衷 [16]，付之廷尉。被桎梏而置对，同凶丑而陈词。岂惟贾生羞绛灌为伍，何啻老子与韩非同传。但祈脱死，莫望偿金。友凶横者 [17] 十旬，盖非天降；居囹圄者九日，岂是人为！抵雀捐金 [18]，利当安往；将头碎璧 [19]，失固可知。实自谬愚，分知狱市。此盖伏遇内翰承旨，搢绅望族 [20]，冠盖清流，日下无双，人间第一。奉天克复，本缘陆贽之词；淮蔡底平，实以会昌之诏。哀怜无告，虽未解骖 [21]，感戴鸿恩，如真出己 [22]。故兹白首，得免丹书。清照敢不省过知惭，扪心识愧。责全责智 [23]，已难逃万世之讥；败德败名，何以见中朝之士。虽南山之竹 [24]，岂能穷多口之谈；惟智者之言，可以止无根之谤。高鹏尺鷃，本异升

161

沉；火鼠冰蚕[25]，难同嗜好。达人共悉，童子皆知。愿赐品题，与加湔洗[26]。誓当布衣蔬食，温故知新。再见江山，依旧一瓶一钵；重归畎亩，更须三沐三薰。忝在葭莩。敢兹尘渎[27]。

◇注释

[1] 綦（qí）公崇礼：綦崇礼，字叔厚，一作处厚，高密人，后迁至潍之北海。南渡后绍兴二年（1132）九月入翰林学士。

[2] 启：书函。此书函是李清照改嫁张汝舟后，因被骗受虐，向官府揭露张汝舟为升职舞弊，并诉讼要求离婚。按照宋朝法律，妻子状告丈夫即使丈夫有罪，妻子也要被判刑两年。由于綦崇礼的帮助，李清照与张汝舟成功离婚，而且只受了九天的牢狱之灾即被释放。

[3] 牛蚁不分：指病情严重，看不清床头蚂蚁。《世说新语·纰漏》："殷仲堪父病虚悸，闻床下蚁动，谓是牛斗。"苏轼有诗："牛蚁新除病后聪。"

[4] 灰钉已具：用作敛尸封棺的石灰和铁钉已准备好。指病重准备后事。

[5] 造次：轻率。指改嫁张汝舟之事。

[6] 如簧之说：迷惑人的花言巧语。

[7] 持官文书：指张汝舟持授官文书骗婚。用韩愈《试大理平事王君墓志铭》所记侯氏女的故事。王适是位爱读书有才华的年轻人，侯高也是位奇特的人，常以阿衡、太师自比，侯高非常疼爱自己的女儿，就说将来一定要将女儿嫁给做官之人。王适认为这位老先生甚合心意，且听说他的女儿很贤惠，便托媒人提亲。侯高要求带着做官的文书来证明。媒婆认为侯高德行高尚，不会怀疑别人欺骗他，

只要带着一卷文书去就可以了。果然侯高没有怀疑，便将女儿许配给了王适。

[8] 俛俛（mǐn miǎn）：须臾，一会儿。南朝颜延之《秋胡诗》："孰知寒暑积，俛俛见荣枯。"

[9] 桑榆：指日暮，文中引申为晚年。

[10] 驵侩（zǎng kuài）：牲畜买卖的中介人。

[11] 刘伶之肋：指人身体瘦弱。刘伶，字伯伦，西晋人，竹林七贤之一。《竹林七贤论》："伶处天地间，悠悠荡荡，无所用心。尝与俗士相语，其人攘袂而起，欲必筑之。伶和其色曰：'鸡肋岂足以当尊拳！'其人不觉废然而返。"

[12] 石勒之拳：文中用来指作者遭受张汝舟拳头殴打。

[13] 局天扣地：指作者被张汝舟束缚而愤恨不已。化用《诗经·小雅·正月》"谓天盖高，不敢不局，谓地盖厚，不敢不蹐"之意。局天，被天压得弯曲。扣地，用脚顿地。

[14] 谈娘：踏摇娘。《乐府杂录》："踏摇娘者，生于隋末。河内有人丑貌而好酒，常自号郎中，醉归必殴其妻。妻色美善歌，乃自歌为怨苦之词。河朔演其曲而被之管弦，因写其夫妻之容。妻悲诉每摇其身，故号踏摇娘。"

[15] 李赤：柳宗元《李赤传》："李赤，江湖浪人也。"其人狂易，曾欲娶友人妻，又用丝巾勒友人妻使舌尽出。文中用来比喻张汝舟疯狂凶狠。

[16] 宸衷：帝王的心意。唐孟郊《晚雪吟》："天念岂薄厚，宸衷多忧焦。忧焦致太平，以兹时比尧。"

[17] 凶横者：指张汝舟。

[18] 抵雀捐金：用金子投掷雀鸟，比喻损失很大。化用《庄子·寓言》"今有人于此，以随侯之珠弹千仞之雀，世必笑之。是何也？所用重，所要轻也"之典故。

[19] 将头碎璧：典故出自《史记·廉颇蔺相如列传》："臣观大王无意偿赵王城邑，故臣复取璧。大王必欲急臣，臣头今与璧俱碎于柱矣！"李清照用此典表明自己不惜一切与张汝舟抗争到底。

[20] 搢绅望族：指綦崇礼出身名门望族。

[21] 解骖：解开骖马以赠人。指用财物帮助别人。

[22] 如真出己：指綦崇礼帮助作者出狱。

[23] 责全责智：指要求自己对人尽量周全，对己明于自处。

[24] 南山之竹：形容竹简非常多。《旧唐书·李密传》："罄南山之竹，书罪无穷。"

[25] 火鼠冰蚕：用来说明作者与张汝舟兴趣迥异。火鼠，传说中的鼠，其毛可以织火浣布。冰蚕，传说中的蚕，所结之茧，其色五彩，织锦之后，入水不濡，投之于火，经宿不燎。

[26] 湔（jiān）洗：洗雪。綦崇礼后来送给李清照的《天龙八部图》以"赵淑间"作题跋以此来赞誉李清照，说明仍将李清照视为赵明诚夫人。

[27] 尘渎：麻烦，打扰。

◇译文

清照书：我平时学习规矩礼仪，也略知诗书礼节。最近因为生病，甚是严重，几乎病入膏肓，已经到了要准备后事的程度。尝药虽有弟弟代劳，看守门户却只有老仆人。因为仓促，造成了轻率的结果。轻信那人如簧般的说辞，被他似锦般的言语迷惑。弟弟轻信他人，被"持官文书"欺骗；自身艰难，不知对方究竟人品如何？仓促间，虽犹豫不决还是答应了这门婚事。仍在病中，勉强出嫁，刚看清这个人的品性，便难以与之相处，自己怎能在晚年嫁给这样一个低劣之徒。既然已经嫁给了这个臭不可闻之人，只希望早些脱身而去。此人既是为了我所收藏的金石，必会强夺之。于是便肆意欺凌，日日对我拳脚相加。可怜我身体瘦弱，怎么抵挡住他的殴打。不愿忍受张汝舟的欺凌，我要效仿谈娘控诉这个恶夫；不甘心像李赤死在肮脏厕所中那样待在这里。既然很难得到别人的帮助，我便自己陈述我受到了何等的迫害。怎敢期望这等小事，能上达于天，由皇帝亲自授意，让廷尉负责审判。我带着脚铐手镣与凶恶的张汝舟对质。岂止是贾生羞于同绛侯周勃、灌婴为伍，老子与韩非同传。只希望离开他，不奢求得到补偿。与张汝舟这样的凶恶之徒在一起一百天，难道不是天将灾祸，身陷囹圄九天，岂是人过的日子？用金子投掷鸟雀，利在何方；与玉璧同归于尽，得失可知。我就算愚笨，也知狱市为是非之地。幸亏遇见翰林学士綦公承圣上旨意，綦公出身世家望族，是清流中的佼佼者，京城那些达官贵人中你是第一个为我申冤，洗脱冤情者。你的才华如同善于起草诏书的陆贽和李德裕。我的苦衷无法表达，你的恩情铭记于心。綦公使我在晚年免入囚籍，脱离牢狱之灾。我怎敢不自我反省，扪心羞愧。在操守和理智上，我已沦为后世的笑柄；这件事败坏了我的名声和道德，我有何面目去见朝中的士大夫。虽有南山之竹，也无法写尽人们对这件事的谈论之语。只有智者的言论，才能止住哪些毫无根据的诽谤。凡夫俗子很难明白高洁之士的想法，就像大鹏与鹪鸟，一个在上高飞，一个在下滑翔；火鼠与冰蚕，难有相同的嗜好。这个孩童尽知的道理，达官贵人早就知道。希望各位高士赐教，让我洗雪耻辱。为了记住过去的教训，我愿布衣素食。

当我再面对各位的时候，依旧还是那个食一钵饭和喝一瓶水的李清照；重新回归隐士生活，必要沐浴薰香慎重对待。有幸作为綦公的远亲，说了这么多希望没有打扰到您。

打马图经序 [1]

慧则通，通则无所不达；专则精，精则无所不妙。故庖丁之解牛 [2]，郢人之运斤 [3]，师旷之听 [4]，离娄之视 [5]，大至于尧、舜之仁，桀、纣之恶，小至于掷豆起蝇 [6]，巾角拂棋 [7]，皆臻至理者何？妙而已。后世之人，不惟学圣人之道不至圣处。虽嬉戏之事，亦得其依稀仿佛而遂止者多矣。夫博者无他，争先术耳，故专者能之。予性喜博，凡所谓博者，皆耽 [8] 之，昼夜每忘寝食。但平生随多寡未尝不进者何？精而已。自南渡来，流离迁徙，尽散博具，故罕为之，然实未尝忘于胸中也。今年冬十月朔 [9]，闻淮上警报，江浙之人，自东走西，自南走北，居山林者谋入城市，居城市者谋入山林，旁午络绎 [10]，莫卜 [11] 所之。易安居士亦自临安泝流，涉严滩 [12] 之险，抵金华，卜居陈氏第。乍释舟楫而见轩窗，意颇适然。更长烛明，奈此良夜乎？于是乎博弈之事讲矣。且长行、叶子、博塞、弹棋 [13]，世无传者。打揭、大小猪窝、族鬼、胡画、数仓、赌快 [14] 之类，皆鄙俚不经见。藏酒、摴蒲、双蹙融 [15]，近渐废绝。选仙、加减、插关火 [16]，质鲁任命 [17]，无所施人智巧。大小象戏、弈棋，又惟可容二人。独采选、打马，特为闺房雅戏。尝恨采选丛繁，劳于检阅，故能通者少，难遇劲敌 [18]。打马简要，而苦无文采。按打马世有二种：一种一将十马者，谓之关西马；一种无将二十马者，谓之依经马。流行既久，各有图经凡例可考。行移赏罚，互有同异。又宣和间，人取二种马，参杂加减，大约交加侥幸，古意尽矣。所谓宣和马者是也。予独爱依经马，因取其赏罚互度，每事作数语，随事附见，使儿辈图之。不独施之博徒，实足贻诸好事。使千万世后，知命辞打马，始自易安居士也。

时绍兴四年十一月二十四日，易安室序。

◇注释

[1] 打马图经序：这是李清照为其所著的《打马图经》作的序。

[2] 庖丁之解牛：比喻经过反复实践，做事得心应手。语出《庄子·养生主》："庖丁为文惠君解牛，手之所触，肩之所倚，足之所履，膝之所踦，砉然向然，奏刀騞然，莫不中音。"

[3] 郢人之运斤：指郢人善用斧子。语出《庄子·徐无鬼》："郢人垩漫其鼻端若蝇翼，使匠石斫之。匠石运斤成风，听而斫之，尽垩而鼻不伤，郢人立不失容。"

[4] 师旷之听：春秋时晋国乐师，能听音乐辨别吉凶。

[5] 离娄之视：传说黄帝时视力最好的人，能在百步之外看见秋毫之末。

[6] 掷豆起蝇：据唐代段成式《酉阳杂俎》记载，有个叫张芬的人能用绿豆打中苍蝇，十不失一，也能赤手捉苍蝇。

[7] 巾角拂棋：《世说新语·巧艺》记载：曹丕善弹棋，可用手巾角弹，另有一人能用头巾角弹。

[8] 耽：沉迷。

[9] 朔：每月初一。

[10] 旁午络绎：交错夹杂，往来不绝。

[11] 卜：选择。

[12] 严滩：又名严陵滩，汉代隐士严子陵隐居之地。

[13] 长行、叶子、博塞、弹棋：古代博戏名。

[14] 打揭、大小猪窝、族鬼、胡画、数仓、赌快：古代博戏名。

[15] 藏酒、樗蒲、双蹙融：古代博戏名。

[16] 选仙、加减、插关火：古代博戏名。

[17] 质鲁任命：博法简单，全靠运气。

[18] 勍（qíng）敌：劲敌。

◇译文

　　聪明就会思路开阔，思路开阔，就会无所不知；专注就会造诣精深，精深就会通晓所有的奥妙。所以像庖丁解牛，郢人用斧头砍削朋友鼻梁上的灰尘，师旷精妙的听力，离娄超常的视力，大到尧、舜的仁德和桀、纣的残暴，小到用绿豆打苍蝇，用帽带打棋子，都能达到很高的境界。为何能达到如此境界？因为通晓其中的奥妙。后世之人，不仅学不好圣人之道，连游戏之事，也只能得其皮毛而止步不前了，这样的人太多了。博戏没有别的方法，就是要找到争先的办法，所以专注的人才能学好。我天性爱好赌博，所有的博戏我都能沉迷其中，总是废寝忘食。我赌了一生，不论多少总能赢，这是什么原因呢？不过是我造诣精深罢了。自从南渡之后，流离失所，博具散失殆尽，很少再赌，但心中常常惦记着。今年十月初，听说淮河沿岸传来警报，江浙一带的人争相逃命。东边的人向西边跑，南边的人向北边跑。乡下的人往城里跑，城里的人往乡下跑，到处是人，大家都没有方向，不知要跑向哪里。我也从临安溯流而上，经过严陵滩，到达金华，住在陈姓朋友家里。一路奔波，住到屋里，心中甚是舒适。夜长烛明，美好的夜晚如何打发？于是就来说说博弈之事。长行、叶子、博塞、弹棋，已经失传；打揭、大小猪窝、族鬼、胡画、数仓、赌快之类的博戏，皆是粗俗之人的游戏，并不常见；藏酒、樗蒲、双蹙融，近来所玩之人渐少；选仙、加减、插关火，都是简单的游戏，全凭运气，无法展现人的智慧；大小象戏、弈棋，只能两人玩；唯有采选、打马，是闺房中雅致的游戏，遗憾的是采选太过繁杂，翻检不方便，所以会玩的人较少，难以遇到对手；打马倒是简单，可惜没有文采。打马有两种：一种是一将十马，叫关西马；一种是无将二十马，叫依经马。已经流行很长时间了，都有多种图谱和规矩可供参考，只是行移赏罚的规则各有相似及不同之处。宣和年间，有人把两种打马游戏综合起来，进行精简，增加凭借运气的成分，使得打马的古意尽失，这就是宣和马。我独爱依经马，于是研究它的赏罚规则，为每条规则作注，附在规则之后，让我的子侄辈将其画下来，不仅对赌博之人有用处，对好事者来说，也是有趣之事。让后世之人知道命辞打马始自我易安居士。

绍兴绍兴四年十一月二十四日，易安室序。